Reinhard Horn

Das Chorbuch

MIT PROJEKTIDEEN

5 Vorwort (Reinhard Horn)
6 Unser Heimatplanet (Prof. Dr. Mojib Latif)

EARTH CHOIR KIDS – Die Songs

8 **SONG 1:** EARTH CHOIR KIDS
14 **SONG 2:** No Planet B
22 **SONG 3:** Mutter Erde – blauer Planet
28 **SONG 4:** Dje – die Tiere Afrikas (Senegal / Kamerun)
36 **SONG 5:** Earth-Overshoot-Day (Du Erde, ausgezehrt)
44 **SONG 6:** Alles hängt mit allem zusammen
48 **SONG 7:** Jeder Teil dieser Erde (Argentinien / Brasilien)
54 **SONG 8:** What a wonderful world (USA)
60 **SONG 9:** Im Namen der Kinder
66 **SONG 10:** Wir sind kleine Helden
72 **SONG 11:** We have to melt the ice in the heart of man (Grönland)
79 **SONG 12:** Over the rainbow (USA)
84 **SONG 13:** Dafür stehn wir auf!
90 **SONG 14:** Ozean
98 **SONG 15:** Climate Change Song (Tuvalu)
104 **SONG 16:** The green way of hope (Ghana)
110 **SONG 17:** Pachamama – Mother Earth (Chile)
116 **SONG 18:** I am light (Dänemark / USA)

Projektideen

123 ▸ Lernen mit den Klima-Songs
140 ▸ EARTH CHOIR KIDS-Workshop
151 ▸ Tipps für noch mehr gute Bildungsangebote
153 ▸ Vorschlag für ein moderiertes Konzert

Infos

156 ▸ Hinweise zum Download von Songs, Playbacks und Chornoten
157 ▸ Aktiv für Klimagerechtigkeit mit starken Partner:innen
158 ▸ Brot für die Welt, Greenpeace, Kindernothilfe
159 ▸ Die Deutsche Chorjugend
▸ Die Deutsche Bundesstiftung Umwelt
160 ▸ Der Initiator und Musiker Reinhard Horn
▸ Der Klimaforscher Prof. Dr. Mojib Latif

EARTH CHOIR KIDS – Vorwort

EARTH · CHOIR · KIDS
UNSERE STIMMEN FÜR DAS KLIMA

Es war das Jahr 2007, als ich zusammen mit Norbert Franck und Hans-Jürgen Netz die Idee geboren habe, ein Klima-Musical für Kinder zu schreiben. So entstand „Eisbär, Dr. Ping und die Freunde der Erde". Bis heute wurde unser Klima-Musical über 4.000 mal in Kitas, Schulen und Städten aufgeführt.

Rund 10 Jahre später gehen junge Menschen auf die Straße: „Fridays for Future". In Gesprächen mit den Jugendlichen erfahre ich, dass einige von ihnen als Grundschul-Kids das „Eisbär-Musical" – so nennen sie es – aufgeführt haben und dass dieses die Initialzündung für ihr Engagement für das Klima war und sie jetzt „for future" auf der Straße sind.

Und: Ich bin vierfacher Großvater. Meine Enkelkinder Emilia, Benjamin, Johanna und Moritz werden vermutlich das Ende dieses Jahrhunderts erleben – wie wird sie dann sein, unsere Mutter Erde? Welche Lebensräume werden meine Enkelkinder, Urenkelkinder vorfinden, um ihre Lebensträume zu verwirklichen? Und: Was habe ich dafür getan, dass sie diese Träume verwirklichen können?

Das sind nur zwei Gründe von vielen, die mich bewegt haben, dieses besondere Klima-Song-Projekt auf den Weg zu bringen. Das Disney-Prinzip besagt, dass man im Team Träumende, Denkende und Handelnde haben soll, damit Neues entstehen kann.

TRÄUMENDE: Ich träume davon, dass gute Geschichten und gute Musik die Herzen der Menschen erreichen und in ihnen etwas bewegen können. Und ich habe einige Menschen gefunden, die mitträumen: meine liebe Frau Ute, meine Wegbegleiter Hans-Jürgen, Markus und Taato – und auch der Inuit-Schamane Angaangaq aus Grönland und seine Mitarbeiterin Anja Mays.

DENKENDE: Ich bin sehr, sehr dankbar, dass viele so intensiv mitgedacht haben: Mojib Latif, Maria Martin, Johannes Küstner, Dietmar Kress, Dietmar Boos, Antje Boetius und, und, und …

HANDELNDE: So unfassbar viele Menschen haben sich anstecken lassen von meinem Traum etwas in die Welt zu bringen, das unsere Herzen erreichen kann! Zuerst und mit großem Dank den Partner:innen, die das Projekt mittragen: Brot für die Welt, die Deutsche Chorjugend, die Deutsche Bundesstiftung Umwelt, Greenpeace und die Kindernothilfe. Und den vielen Musiker:innen, die mit ihrem Spirit, ihrem Herzen und ihrem Können die Lieder zu dem gemacht haben, was sie geworden sind. Niemanden will ich herausheben, aber besonders begeistert hat mich die Zusammenarbeit mit dem Orchester der Staatsoperette Dresden – Danke, Peter Feigel und Danke, Kathrin Kondaurow. Und natürlich Danke den Chorarrangeur:innen, den Chorleiter:innen und den vielen Kinderstimmen, die die Lieder einzigartig gemacht haben.

Der Inuit-Schamane Angaangaq lebt seinen Auftrag: „*We have to melt the ice in the heart of man.*" Das möchte ich, das wollen wir alle, die für dieses Projekt brennen, erreichen – die Herzen der Menschen öffnen, damit für unsere Kinder dieser Planet die „Perle im Weltall" bleiben kann.

Reinhard HornLippstadt, im Januar 2022

EARTH CHOIR KIDS – Unser Heimatplanet

Unser Heimatplanet

von Prof. Dr. Mojib Latif

Unser Heimatplanet, die Erde, ist das Juwel in unserem Sonnensystem. Sie leuchtet so wunderschön blau, weil sie größtenteils von Ozeanen bedeckt ist. Die Wolken und die Polarregionen geben der Erde schön anzusehende weiße Kleckse und die Landflächen sind ein wahres Spektakel mit allen nur erdenklichen Farbkombinationen.

Nur hier auf der Erde hat sich Leben entwickeln können. Weil es im Gegensatz zu den anderen Planeten immer noch Wasser gibt und weil die Erde von einer schützenden Luftschicht umgeben ist, die wir Atmosphäre nennen. Ohne flüssiges Wasser kann es kein Leben geben und ohne eine Atmosphäre kein lebensfreundliches Klima. Die Atmosphäre muss zudem die richtige Zusammensetzung besitzen.

Das mussten unsere beiden Nachbarplaneten, die Venus und der Mars erfahren. Die Venus besitzt eine Atmosphäre, die so voll mit Wärme zurückhaltenden Gasen ist, dass auf ihrer Oberfläche im Mittel mehr als 400 Grad herrschen. Der Mars hat eine nur sehr dünne Atmosphäre, weswegen er ein frostiger Planet ist, mit Temperaturen von weit unter dem Gefrierpunkt. Nur die Erde besitzt eine Atmosphäre, die lebensfreundliche Temperaturen von im Mittel etwa 15 Grad auf ihrer Oberfläche ermöglichen. Und nur die Erde von den Dreien vermochte zudem, ihr Wasser in großen Mengen zu behalten.

Und deswegen ist die Erde für uns Menschen ein wunderbares Geschenk, vielleicht sogar einzigartig im Kosmos – wer weiß das schon? – für das wir dankbar sein müssten.

So ein kostbares Geschenk sollte man mit großem Respekt und allergrößter Sorgfalt behandeln. Das würde man jedenfalls meinen. Die Menschen tun jedoch vielfach das Gegenteil. Sie verschmutzen die Meere, verpesten die Luft, roden die Wälder und machen vielen Lebewesen den Garaus.

Vieles davon kann man sogar aus dem Weltraum sehen. Wie zum Beispiel eine Ölpest nach einem Tankerunfall oder das Feuer der brennenden tropischen Regenwälder, die die Menschen anzünden, um Futtermittel für Vieh anzubauen oder Rinderherden auf den frei werdenden Flächen weiden zu lassen. Die sich zurückziehenden Eismassen in den Polarregionen gehören ebenso dazu wie das sich zurückziehende Grün in bestimmten Gegenden der Erde infolge zunehmender Dürre.

Gäbe es die Marsmenschen, sie würden uns wegen unseres unvernünftigen Handelns für verrückt erklären. Sie würden uns um unseren wunderbaren Planeten beneiden und ihn mit aller Vorsicht behandeln.

EARTH CHOIR KIDS – Unser Heimatplanet

Wenn man selbst auf der Erde lebt, fallen einem die zahlreichen Verfehlungen, die wir tagtäglich begehen, nicht unbedingt auf. Viele Auswirkungen unseres Handelns treten andernorts zu Tage, obwohl wir sie teilweise mit zu verantworten haben, so wie die Polschmelze und die steigenden Meeresspiegel. Wir verschmutzen die Meere mit Plastikmüll und merken es kaum. Die größte Ansammlung von Plastikmüll zum Beispiel befindet sich mitten im pazifischen Ozean weit weg von den Küsten, weil die Meeresströmungen dort eine Art Wirbel bilden, in dem das Plastik gefangen ist. Das Plastik in den Ozeanen kann aber auch lange Strecken zurücklegen und die Meere durchqueren. Auf jeden Fall zerfällt es mit der Zeit durch die Kraft der Sonnenstrahlung und der Wellen in kleinere Partikel und wird schließlich fatalerweise von den Meeresbewohnern mit Nahrung verwechselt. Unsere Abgase werden von den Winden über den Erdball verteilt und sind deswegen überall wirksam, nicht nur dort, wo sie in die Atmosphäre kommen.

Die Auswirkungen des unüberlegten menschlichen Handelns sind unübersehbar. Die Erde erwärmt sich mit einem Tempo, das einmalig in der Geschichte der Menschheit ist. Wetterextreme nehmen zu und werden heftiger. Der Temperaturanstieg in den Meeren bedroht die Korallenriffe und mit ihnen die einzigartige Artenvielfalt.

Die Menschen müssen sich besinnen, wenn sie das lebenswerte Antlitz des Planeten bewahren möchten. Jeder und jede von uns trägt ein Stück Verantwortung und ist aufgerufen, sich um das Wohlergehen der Erde zu kümmern. Dazu zählt es, sich immer wieder zu vergegenwärtigen, wie fantastisch unser Planet ist. Denken wir nur an das farbenprächtige Spektakel am Himmel in Form von Regenbögen, Polarlichtern oder an die tollen stets wechselnden Wolkenformationen.

Oder an die Sinfonie von Klängen, vom Gewittergrollen bis hin zum Konzert der Vögel. Das Meeresrauschen, mal lieblich und mal tosend, sollte uns daran erinnern, wie sehr wir doch von den Ozeanen abhängen, leisten sie doch unschätzbare Dienste für uns Menschen, zum Beispiel, indem sie uns jede Menge Nahrung als Fisch oder Meeresfrüchte zur Verfügung stellen. Oder weil uns der Anblick des Meeres einfach nur Freude bereitet.

Der Klang der auf die Erde prasselnden Regentropfen, den es nur bei uns gibt und den Komponisten in Meisterwerken verewigt haben. Der Regen ist ein Segen, ohne ihn gäbe es kein Leben.

Kurzum, wie müssen wieder lernen, mit allen unseren Sinnen die Erde wahrzunehmen. Dann erst werden wir die Einzigartigkeit unseres Heimatplaneten begreifen und ihn lieben.

„Man liebt nur was man kennt, und man schützt nur was man liebt." (K. Lorenz)

 Zu diesem Text gibt es ein Video auf youtube: www.ecklink.de/v00

© KONTAKTE Musikverlag, Lippstadt

EARTH CHOIR KIDS – SONG 1: EARTH CHOIR KIDS

EARTH CHOIR KIDS

Text und Musik: Taato Gomez / Reinhard Horn

 SONG 1

CD TRACK 01

♩ = 68 **VERS 1**

Lass Mu-sik___ frei im Her-zen ent-stehn.___ Spür den Klang___ in dei-nem Her-zen, der uns al - le eint.___ Wir sind EINS, al - le We - sen die - ser Welt:___ Love on earth one world, one voice, one song – like we've ne - ver heard!

CHORUS

EARTH CHO-IR KIDS, EARTH CHO-IR KIDS, uns-re Stim-men für das Kli - ma, uns-re Stim-men für die Welt! EARTH CHO-IR KIDS, EARTH CHO-IR KIDS, uns-re
we are sing-ing for the fu - ture, we are sing-ing for the world! we are

Stim-men für das Kli - ma, uns-re Stim-men für die Welt! **VERS 2** „EARTH" steht für Er - de,___ un-ser
sing-ing for the fu - ture, we are sing-ing for the world!

blau-er Pla - net,___ ein - ma - lig im Welt - all, du bist so___ wun-der-schön!

„CHO - IR" steht für Sin - gen,___ der Pla - net lebt von Klang. Das Le - ben ist Schwin-gung: Mu-

© KONTAKTE Musikverlag, Lippstadt

EARTH CHOIR KIDS – SONG 1: EARTH CHOIR KIDS

sik in je-dem Land! Und "KIDS" steht für Kin-der, uns-re

Zu-kunft ist dran! Wenn nicht wir – wer dann? Wenn nicht jetzt – wann dann?

go to Chorus
1. deutsch
2. englisch

 **SONGTEXT**

VERS 1:
Lass Musik frei im Herzen entstehn.
Spür den Klang in deinem Herzen, der uns alle eint.
Wir sind EINS, alle Wesen dieser Welt:
Love on earth, one world, one voice, one song –
like we've never heard!

CHORUS 2x:
EARTH CHOIR KIDS, EARTH CHOIR KIDS –
unsre Stimmen für das Klima,
unsre Stimmen für die Welt!

VERS 2:
EARTH steht für Erde – unser blauer Planet,
einmalig im Weltall, du bist so wunderschön!
CHOIR steht für Singen, der Planet lebt von Klang.
Das Leben ist Schwingung, Musik in jedem Land.
Und KIDS steht für Kinder, unsre Zukunft ist dran!
Wenn nicht wir – wer dann! Wenn nicht jetzt – wann dann!

CHORUS 2x:
EARTH CHOIR KIDS, EARTH CHOIR KIDS –
unsre Stimmen für das Klima,
unsre Stimmen für die Welt!

CHORUS (ENGLISCH) 2x:
EARTH CHOIR KIDS, EARTH CHOIR KIDS –
we are singing for the future,
we are singing for the world!

© KONTAKTE Musikverlag, Lippstadt

EARTH CHOIR KIDS – SONG 1: EARTH CHOIR KIDS

Chorsatz

Text und Musik: Taato Gomez / Reinhard Horn
Arrangement: Oliver Gies

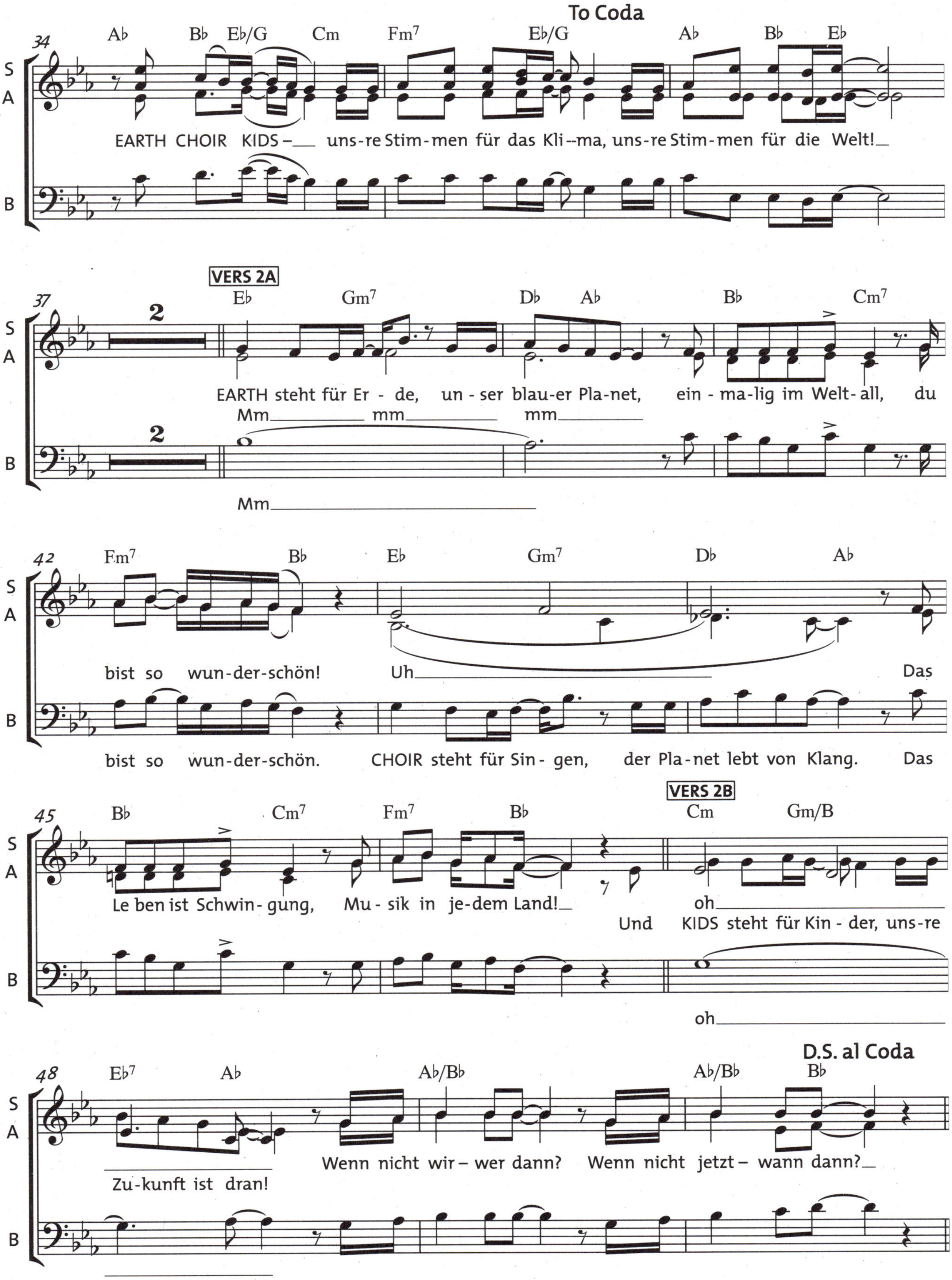
To Coda
34
Ab Bb Eb/G Cm Fm7 Eb/G Ab Bb Eb
S
A
EARTH CHOIR KIDS – uns-re Stim-men für das Kli--ma, uns-re Stim-men für die Welt!
B
VERS 2A
37
2
Eb Gm7 Db Ab Bb Cm7
EARTH steht für Er - de, un - ser blau-er Pla-net, ein - ma-lig im Welt- all, du
Mm mm mm
Mm
42
Fm7 Bb Eb Gm7 Db Ab
bist so wun-der-schön! Uh Das
bist so wun-der-schön. CHOIR steht für Sin - gen, der Pla-net lebt von Klang. Das
VERS 2B
45
Bb Cm7 Fm7 Bb Cm Gm/B
Le ben ist Schwin - gung, Mu - sik in je-dem Land!
oh
Und KIDS steht für Kin - der, uns-re
oh
D.S. al Coda
48
Eb7 Ab Ab/Bb Ab/Bb Bb
Wenn nicht wir – wer dann? Wenn nicht jetzt – wann dann?
Zu-kunft ist dran!

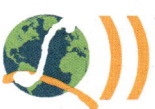

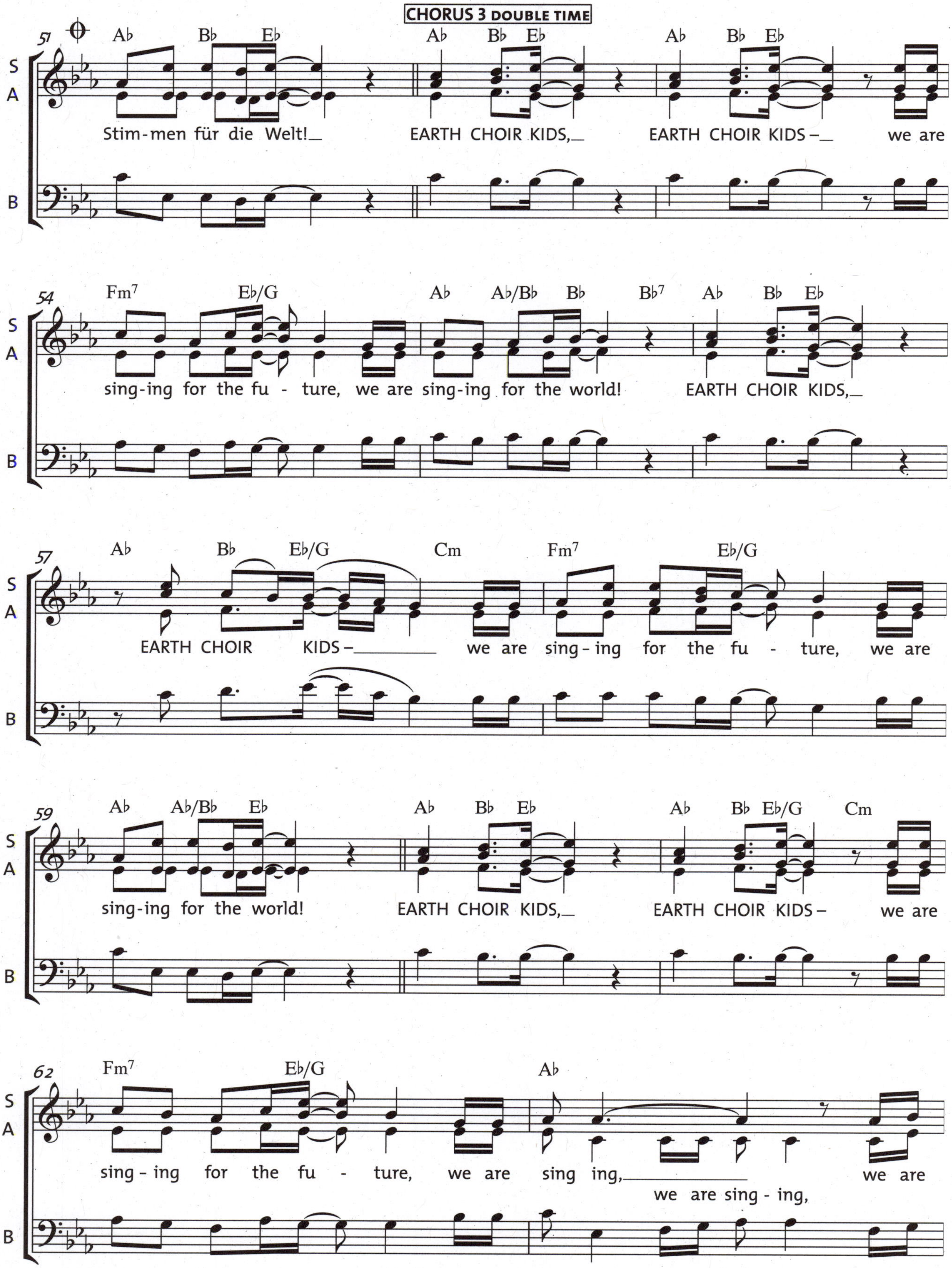

EARTH CHOIR KIDS – SONG 1: EARTH CHOIR KIDS

EARTH CHOIR KIDS – SONG 1: EARTH CHOIR KIDS

INFO zum Song

> Wie ist unsere Erde wohl entstanden? Eine uralte Frage.
> Die Menschen haben sich dazu immer Geschichten erzählt – die findet man
> zum Beispiel in der Bibel – Gott hat die Erde in sieben Tage geschaffen.
>
> Eine japanische Schöpfungsgeschichte erzählt:
> Die Welt ist aus Klang, aus Musik und Gesang entstanden. Und wir wissen heute,
> dass die ganze Natur singt: Na klar, die Vögel, aber auch die Tiere, die Wale und Delfine,
> ja sogar die Tiefsee singt, die Bäume singen und wir Menschen singen.
>
> „Musik ist die allererste Muttersprache von uns Menschen."
> So hat es der bekannte Violinist Yehudi Menuhin treffend formuliert. Und längst bevor
> ein neugeborenes Kind Sprache erlernt, begrüßt es die Welt singend, lallend, musikalisch.
> Davon erzählt dieser Song: Musik entsteht im Herzen und verbindet alle Menschen
> auf dieser Erde. Und deswegen erzählen die Lieder dieses Projektes von dem
> wunderschönen blauen Planeten (EARTH), von dem lebendigen Singen, das diesen
> Planeten klingen lässt (CHOIR) und sie mahnen uns für eine Zukunft der Kinder (KIDS):
>
> Wenn nicht jetzt – wann dann?!?

 Kurzlink zum Erklärvideo: www.ecklink.de/v01

Folgende Materialien stehen zum Download bereit:

 **Der Song als Notensatz (kostenpflichtig)**

 **Der Chorsatz mit Piano-Begleitung (kostenfrei)**

 Das Playback des Liedes (kostenpflichtig)

 Ihr findet alles unter: www.ecklink.de/downloads

© KONTAKTE Musikverlag, Lippstadt

EARTH CHOIR KIDS – SONG 2: No Planet B

No Planet B

Text: Markus Ehrhardt – Musik: Reinhard Horn

 SONG 2

 CD TRACK 02

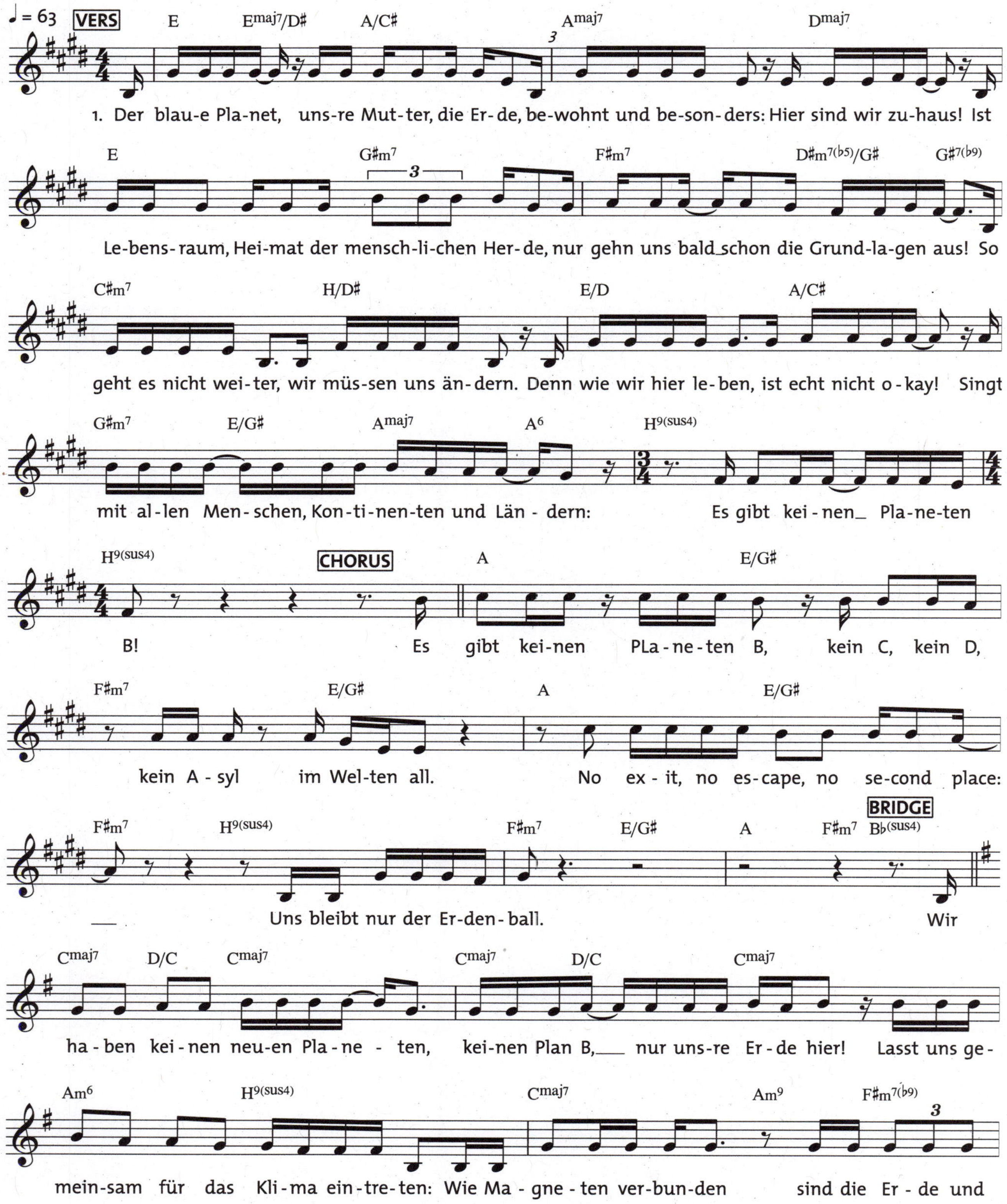

♩ = 63 **VERS**

1. Der blau-e Pla-net, uns-re Mut-ter, die Er-de, be-wohnt und be-son-ders: Hier sind wir zu-haus! Ist Le-bens-raum, Hei-mat der mensch-li-chen Her-de, nur gehn uns bald schon die Grund-la-gen aus! So geht es nicht wei-ter, wir müs-sen uns än-dern. Denn wie wir hier le-ben, ist echt nicht o-kay! Singt mit al-len Men-schen, Kon-ti-nen-ten und Län-dern: Es gibt kei-nen Pla-neten

CHORUS

B! Es gibt kei-nen Pla-ne-ten B, kein C, kein D, kein A-syl im Wel-ten all. No ex-it, no es-cape, no se-cond place: Uns bleibt nur der Er-den-ball.

BRIDGE

Wir ha-ben kei-nen neu-en Pla-ne-ten, kei-nen Plan B, nur uns-re Er-de hier! Lasst uns ge-mein-sam für das Kli-ma ein-tre-ten: Wie Ma-gne-ten ver-bun-den sind die Er-de und

EARTH CHOIR KIDS – SONG 2: No Planet B

SONGTEXT

VERS 1:
Der blaue Planet, unsre Mutter, die Erde,
bewohnt und besonders: Hier sind wir zuhaus!
Ist Lebensraum, Heimat der menschlichen Herde,
nur gehn uns bald schon die Grundlagen aus!
So geht es nicht weiter, wir müssen uns ändern!
Denn wie wir hier leben, ist echt nicht okay!
Singt mit allen Menschen, Kontinenten und Ländern:
Es gibt keinen Planeten B!

VERS 2:
Der blaue Planet, keiner sonst kann dies bieten:
Kein Umzug zu Mars oder Venus liegt nah –
kein Umsiedeln, Bauen, kein Kaufen, kein Mieten:
wir kriegen die Quittung für das, was geschah.
Es gibt keinen Schutzwall und keine Barriere,
„Bedroht sind wir alle!" heißt das Resümee.
Setzt euch ein für Tiere und Pflanzen und Meere:
Es gibt keinen Planeten B!

CHORUS:
Es gibt keinen Planeten B, kein C, kein D,
kein Asyl im Weltenall.
No exit, no escape, no second place:
Uns bleibt nur der Erdenball.

VERS 3:
Der blaue Planet, das heißt Wasser zum Leben,
die Wärme, die Luft, Atmosphäre, die schützt.
All das, was wir brauchen, war hier einst gegeben.
Es zeichnet sich ab, dass uns das kaum mehr nützt.
Noch sind wir nicht ganz unserm Schicksal ergeben:
Nutzt die letzte Ausfahrt zur Chance auf den Dreh!
Steht ein für das Klima, Atmosphäre und Leben:
Es gibt keinen Planeten B!

BRIDGE:
Wir haben keinen neuen Planeten,
keinen Plan B, nur unsre Erde hier!
Lasst uns gemeinsam für das Klima eintreten:
Wie Magneten verbunden sind die Erde und wir!
Wie Magneten verbunden sind die Erde und wir!
Wie Magneten verbunden sind die Erde und wir!

CHORUS:
Es gibt keinen Planeten B, kein C, kein D,
kein Asyl im Weltenall.
No exit, no escape, no second place:
Uns bleibt nur der Erdenball.

EARTH CHOIR KIDS – SONG 2: No Planet B

Chorsatz

Text: Markus Ehrhardt – Musik: Reinhard Horn
Arrangement: Guido Jöris

Der blau-e Pla-net, uns're Mut-ter, die Er-de, be-wohnt und be-son-ders: Hier sind wir zu-haus! Ist Le-bens-raum, Hei-mat der mensch-li-chen Her-de, nur gehn uns bald schon die Grund-la-gen aus! So geht es nicht wei-ter, wir müs-sen uns än-dern! Denn wie wir hier le-ben, ist echt nicht o-kay! Singt mit al-len Men-schen, Kon-ti-nen-ten und Län-dern: Es gibt kei-nen Pla-ne-ten B! Der blau-e Pla-net, kei-ner sonst kann dies bie-ten: Kein Um-zug zu Mars o-der Ve-nus liegt nah – kein Um-sie-deln, Bau-en, kein Kau-fen, kein Mie-ten: Wir krie-gen die Quit-tung für das, was ge-schah. Es

S/A: Uh ... Ah
T/B: Uh ... Ah

EARTH CHOIR KIDS – SONG 2: No Planet B

gibt kei-nen Schutz-wall und kei-ne Bar-rie-re, „Be-droht sind wir al- le!" heißt das Re-sü-mee. Setzt

S/A: Ah   Ah
T/B: Ah

euch ein für Tie-re und Pflan-zen und Mee-re: Es gibt kei-nen Pla-ne-ten B! Es

S/A: Ah / Es gibt kei-nen Pla-ne-ten B! Es
T/B: Ah

CHORUS 1

gibt kei-nen Pla-ne-ten B, kein C, kein D, kein A-syl im Wel-ten-all.

S/A: gibt kei-nen Pla-ne-ten B, kein C, kein D, kein A-syl im Wel-ten-all.

 **EARTH CHOIR KIDS – SONG 2:** *No Planet B*

No e-xit, no es-cape, no se-cond place: Uns bleibt nur der Er-den

No e-xit, no es-cape, no se-cond place:

VERS 3

ball. Der blau-e Pla-net, das heißt Was-ser zum Le-ben, die

Wär-me, die Luft, At-mos-phä-re, die schützt. All das,

was wir brau-chen, war hier einst ge-ge-ben. Es

zeich-net sich ab, dass uns das kaum mehr nützt. Noch

sind wir nicht ganz un-serm Schick-sal er-ge-ben: Nutzt die

letz-te Aus-fahrt zur Chance auf den Dreh! Steht ein für das Kli-ma, At-mos-phä-re und Le-ben:

© KONTAKTE Musikverlag, Lippstadt

EARTH CHOIR KIDS – SONG 2: No Planet B

BRIDGE (m. 36)

Uns bleibt nur der Er-den-ball. Wir

(SA) Uns bleibt nur der Er-den-ball. Wir

(TB) Uns bleibt nur der Er-den-ball. Wir

(m. 39) ha-ben kei-nen neu-en Pla-ne-ten, kei-nen Plan B, nur uns-re Er-de hier! Lasst uns ge-

(SA) ha-ben kei-nen neu-en Pla-ne-ten, kei-nen Plan B, nur uns-re Er-de hier!

(TB) ha-ben kei-nen neu-en Pla-ne-ten, kei-nen Plan B, nur uns-re Er-de hier!

(m. 41) mein-sam für das Kli-ma ein-tre-ten: Wie Ma-gne-ten ver-bun-den sind die Er-de und

(m. 43) wir! Wie Ma-gne-ten ver-bun-den sind die Er-de und wir! Wie Ma-

CHORUS 3 (m. 46) gne-ten ver-bun-den sind die Er-de und wir! Es

(m. 48) gibt kei-nen Pla-ne-ten B, kein C, kein D, kein A-syl im Wel-ten-all.

© KONTAKTE Musikverlag, Lippstadt

EARTH CHOIR KIDS – SONG 2: No Planet B

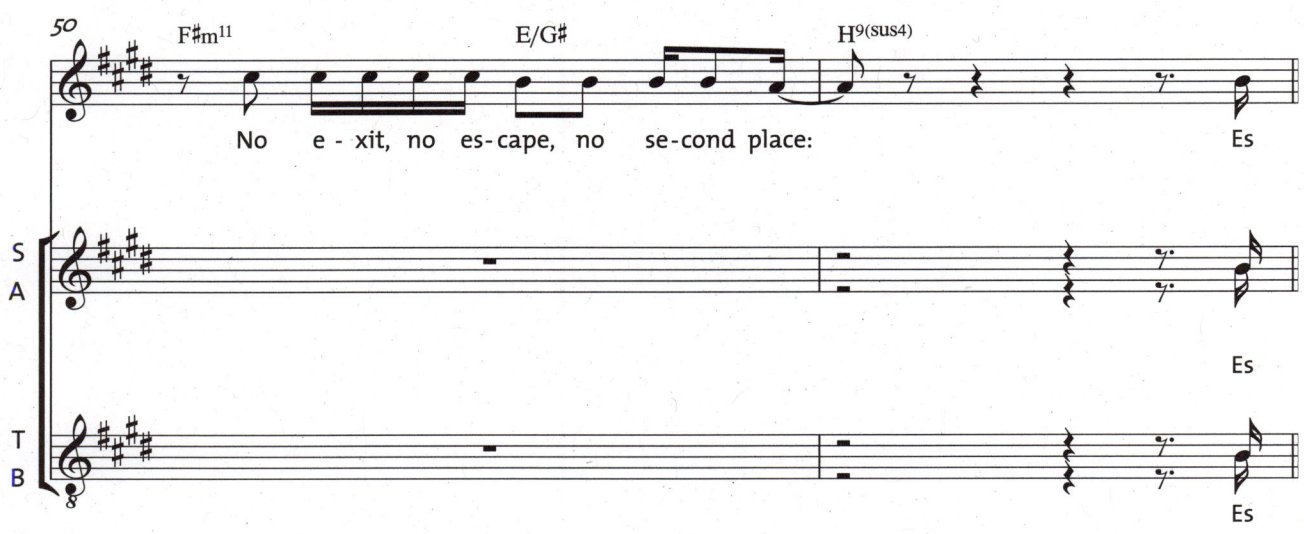
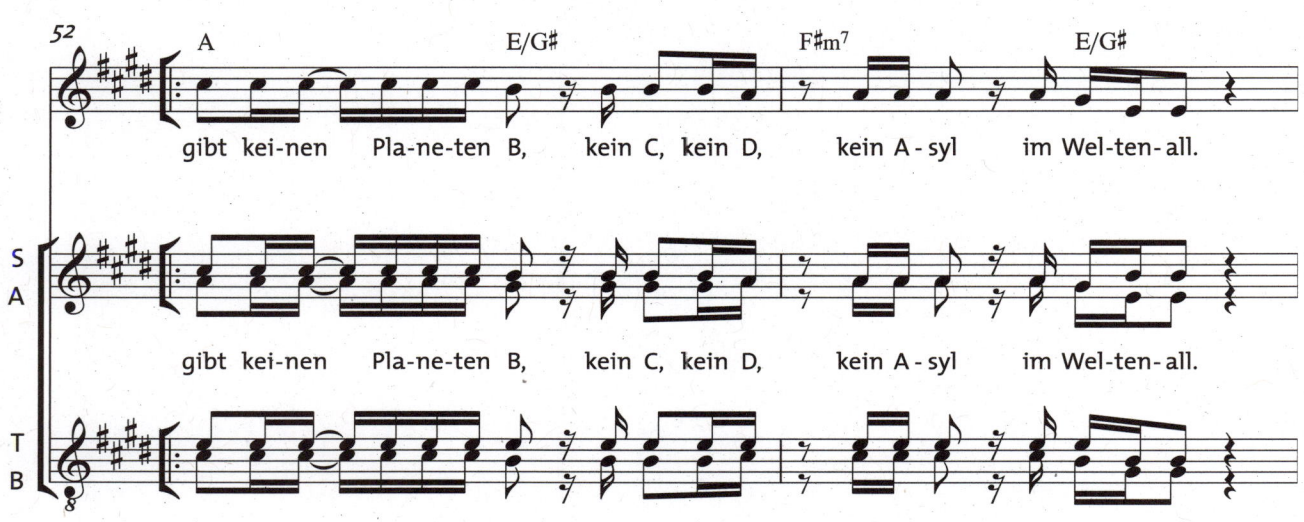
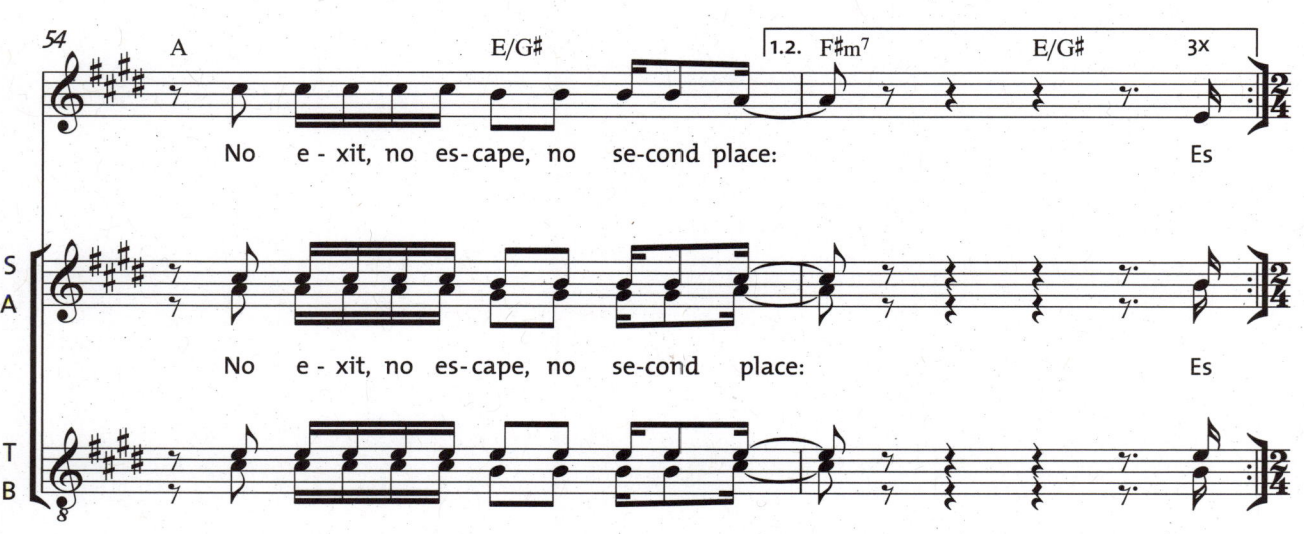

 **EARTH CHOIR KIDS – SONG 2: No Planet B**

INFO zum Song

Unser blauer Planet, die Erde, ist einmalig im Weltall. Es gibt keinen anderen Planeten, auf dem Leben möglich ist – also keinen Planeten „B", wenn die Erde unser Planet „A" ist.

Unsere beiden Nachbarplaneten Mars und Venus hatten mal ähnliche Startchancen, also Wasser als Urelement. Hat bei beiden aber nicht funktioniert – der eine ist zu heiß (Venus), der andere hat eine zu dünne Atmosphäre (Mars).

Uns bleibt nur dieser wunderbare blaue Planet. Und da es keine letzte Ausfahrt gibt, gibt es nur eins: Alles tun, dass dieser Planet so wunderschön „blau" bleibt.

Zum Beispiel indem wir unseren CO_2-Fußabdruck entsprechend gestalten.

 Testet doch einmal euren eigenen Fußabdruck: www.fussabdruck.de

 Kurzlink zum Erklärvideo: www.ecklink.de/v02

Folgende Materialien stehen zum Download bereit:

 Der Song als Notensatz (kostenpflichtig)

 Der Chorsatz mit Piano-Begleitung (kostenfrei)

 Das Playback des Liedes (kostenpflichtig)

Ihr findet alles unter: www.ecklink.de/downloads

© KONTAKTE Musikverlag, Lippstadt

EARTH CHOIR KIDS – SONG 3: Mutter Erde — blauer Planet

Mutter Erde — blauer Planet

Text: Hans-Jürgen Netz – Musik: Reinhard Horn

SONG 3 **CD TRACK 03**

VERS

1. Fi-sche in Mee-ren, Ber-ge mit Bä-ren, gold-gel-be Fel-der, rie-si-ge Wäl-der;
Tä-ler an Hü-geln, Vö-gel mit Flü-geln, so-vie-le Ar-ten in dei-nem Gar-ten.

CHORUS

Mut-ter Er-de, Mut-ter Er-de, un-ser blau-er, blau-er Pla-net,
drehst dei-ne Run-den, Stun-den um Stun-den, Ta-ge und Jah-re, du bist so schön!

BRIDGE

Gro-ße und klei-ne Wun-der zu sehn, viel zu be-stau-nen,
viel zu be-schüt-zen; acht-sam zu le-ben, die Er-de braucht uns!
Wir fan-gen an! Kommt, wir fan-gen an! Wir fan-gen an! Kommt, wir fan-gen an!

© KONTAKTE Musikverlag, Lippstadt

EARTH CHOIR KIDS – SONG 3: Mutter Erde — blauer Planet

SONGTEXT

VERS 1:
Fische in Meeren, Berge mit Bären,
goldgelbe Felder, riesige Wälder;
Täler an Hügeln, Vögel mit Flügeln,
so viele Arten, in deinem Garten.

VERS 2:
Sonne und Regen, Blumen an Wegen,
Früchte an Bäumen, Löcher in Zäunen;
Quellen und Flüsse und Kokosnüsse,
Wasser und Land, Muscheln am Strand.

CHORUS:
Mutter Erde, Mutter Erde,
unser blauer, blauer Planet,
drehst deine Runden, Stunden um Stunden,
Tage und Jahre, du bist so schön.

VERS 3:
Bienen, die summen, Hummeln, die brummen,
Igel in Hecken und Weinbergschnecken;
Ponys und Pferde, Schäfer mit Herde,
Schafe und Schwan, Henne und Hahn.

VERS 4:
Heiße Vulkane und Ozeane,
Wüsten, Oasen, Zebras, die grasen;
kleine Giraffen, Affen die gaffen,
Löwe und Gnu, ein Kakadu.

BRIDGE:
Große und kleine Wunder zu sehn,
viel zu bestaunen, viel zu beschützen;
achtsam zu leben, die Erde braucht uns!
Wir fangen an! Kommt, wir fangen an!
Wir fangen an! Kommt, wir fangen an!

CHORUS 2x:
Mutter Erde, Mutter Erde,
unser blauer, blauer Planet,
drehst deine Runden, Stunden um Stunden,
Tage und Jahre, du bist so schön.

Chorsatz

Text: Hans-Jürgen Netz – Musik: Reinhard Horn
Arrangement: Tine Fris-Ronsfeld

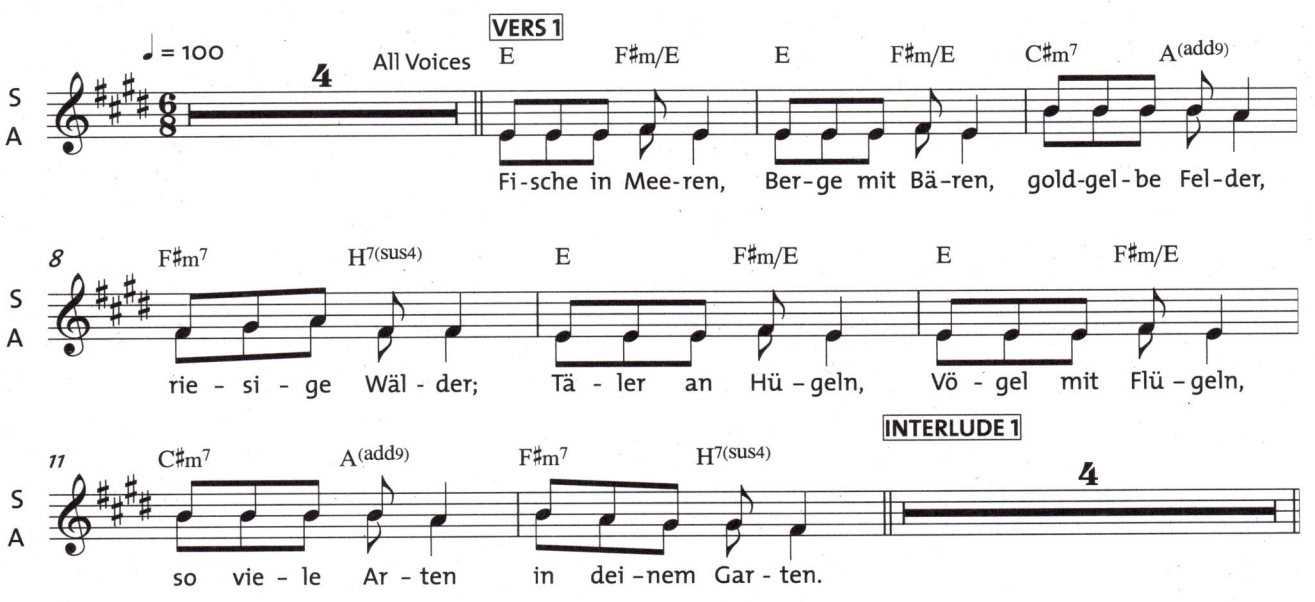

© KONTAKTE Musikverlag, Lippstadt

EARTH CHOIR KIDS – SONG 3: Mutter Erde — blauer Planet

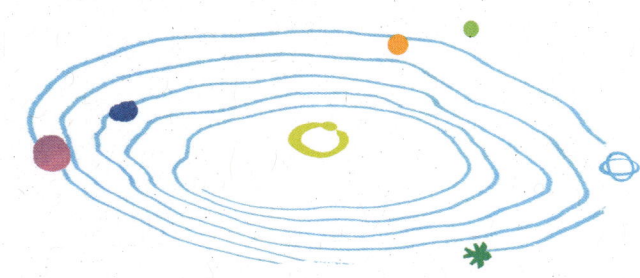

Son-ne und Re-gen, Blu-men an We-gen, Früch-te an Bäu-men, Lö-cher in Zäu-nen;

Quel-len und Flüs-se und Ko-kos-nüs-se, Was-ser und Land, Mu-scheln am Strand.

Mut-ter Er-de, Mut-ter Er-de, un-ser blau-er, blau-er Pla-net,

drehst dei-ne Run-den, Stun-den um Stun-den, Ta-ge und Jah-re, du bist so schön.

EARTH CHOIR KIDS – SONG 3: Mutter Erde — blauer Planet

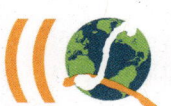

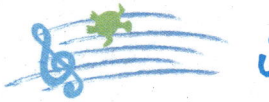

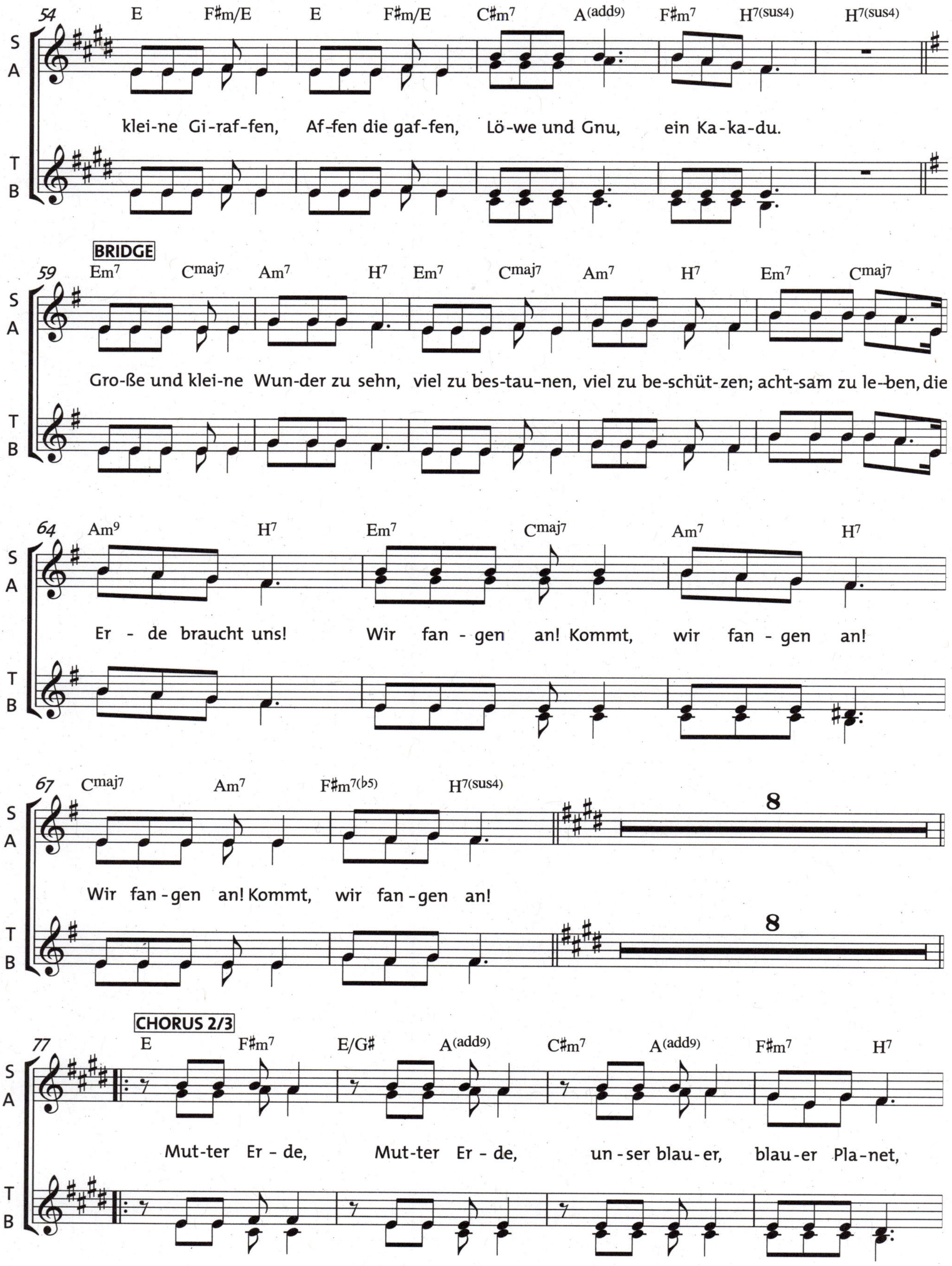
54
E F#m/E E F#m/E C#m7 A(add9) F#m7 H7(sus4) H7(sus4)
S
A
klei-ne Gi-raf-fen, Af-fen die gaf-fen, Lö-we und Gnu, ein Ka-ka-du.
T
B
BRIDGE
59
Em7 Cmaj7 Am7 H7 Em7 Cmaj7 Am7 H7 Em7 Cmaj7
Gro-ße und klei-ne Wun-der zu sehn, viel zu bes-tau-nen, viel zu be-schüt-zen; acht-sam zu le-ben, die
64
Am9 H7 Em7 Cmaj7 Am7 H7
Er - de braucht uns! Wir fan - gen an! Kommt, wir fan - gen an!
67
Cmaj7 Am7 F#m7(b5) H7(sus4)
Wir fan-gen an! Kommt, wir fan-gen an!
8
CHORUS 2/3
77
E F#m7 E/G# A(add9) C#m7 A(add9) F#m7 H7
Mut-ter Er - de, Mut-ter Er - de, un-ser blau-er, blau-er Pla-net,

EARTH CHOIR KIDS – SONG 3: Mutter Erde – blauer Planet

drehst dei-ne Run-den, Stun-den um Stun-den, Ta-ge und Jah-re, du bist so schön.

 ## INFO zum Song

Die Welt zu begreifen fängt oft mit dem Staunen an:

Mit dem Staunen über all die Schönheit, Vielfalt und Einzigartigkeit, die unseren blauen Planeten, Mutter Erde auszeichnet: Fische in Meeren, Berge mit Bären! Darüber können wir staunen. Und wer staunen kann, der setzt sich auch dafür ein, die Welt zu beschützen.

Ein Zauberwort dafür kann „ACHTSAMKEIT" sein. Achtsamkeit meint, die Bedürfnisse anderer Menschen zu berücksichtigen (also beispielsweise in ärmeren Länder dieser Erde) und Achtsamkeit meint „hellwach zu sein" (zum Beispiel im Straßenverkehr).

Wir brauchen „hellwache Menschen", damit wir unsere Erde beschützen und die Bedürfnisse aller Menschen gerecht beachten.

 Kurzlink zum Erklärvideo: www.ecklink.de/v03

Folgende Materialien stehen zum Download bereit:

 Der Song als Notensatz (kostenpflichtig)

 Der Chorsatz mit Piano-Begleitung (kostenfrei)

 Das Playback des Liedes (kostenpflichtig)

 Ihr findet alles unter: www.ecklink.de/downloads

EARTH CHOIR KIDS – SONG 4: Dje — die Tiere Afrikas

Dje — die Tiere Afrikas

Lied in Zusammenarbeit mit Musiker:innen aus Kamerun und dem Senegal

Text: Jean Louis Mbe' / Conny Schneider / Reinhard Horn (deutscher Text)
Musik: Jean Louis Mbe' / Conny Schneider / Reinhard Horn

SONG 4 **CD TRACK 04**

♩ = 104 **CHORUS**

Leu-te, hört mal her, die Tie-re fra-gen euch: Wo kön-nen sie noch blei-ben auf der Welt?
Gnu, der Lö-we, Le - o - pard, das Nas-horn, Ze - bra und das Dro-me-dar?
Bo-te ya si ndon N-da bia ya bô yaa. Bia dî vée ooo bia keu tab a-vée?

VERS

___ E - le-fant, das Al-le Tie-re, al-le Tie-re kla-gen, denn die Zeit, sie rennt. Vie-le
___ Bo-te ya si

Tie-re sind schon tot. Habt ihr Oh-ren, hört zu!___ Habt ihr Au-gen, dann seht___

BRIDGE

wie die Tie-re auf der Er-de lei - den. Wa-rum schämt ihr euch nicht? Die Trom-meln A - fri-kas,

trom-meln für___ uns, hört her! Hört auf mit der Zer-stö__rung! Wa - rum schämt ihr euch nicht?

___ Zer - stört nicht den Pla - ne - ten! Hört auf!

© KONTAKTE Musikverlag, Lippstadt

EARTH CHOIR KIDS – SONG 4: Dje — die Tiere Afrikas

SONGTEXT

CHORUS (DEUTSCH):
Leute, hört mal her, die Tiere fragen euch:
Wo können sie noch bleiben auf der Welt?
Elefant, das Gnu, der Löwe, Leopard,
das Nashorn, Zebra und das Dromedar?

CHORUS (YEZOUM) 2x:
Bote ya si ndon nda bia ya bo yaa.
Bia di vee ooo bia keu tabe avee.

VERS (DEUTSCH):
Alle Tiere, alle Tiere klagen, denn die Zeit, sie rennt.
Viele Tiere sind schon tot.
Habt ihr Ohren, hört zu! Habt ihr Augen, dann seht,
wie die Tiere auf der Erde leiden.

BRIDGE (DEUTSCH):
Warum schämt ihr euch nicht?
Die Trommeln Afrikas, trommeln für uns, hört her!
Hört auf mit der Zerstörung!
Warum schämt ihr euch nicht?
Zerstört nicht den Planeten! Hört auf!

CHORUS (DEUTSCH):
Leute, hört mal her, die Tiere fragen euch:
Wo können sie noch bleiben auf der Welt?
Und wenn nichts geschieht, die Tiere sterben aus,
die Tiere Afrikas, sie sterben aus!

CHORUS (YEZOUM) 2x:
Bote ya si ndon nda bia ya bo yaa.
Bia di vee ooo bia keu tabe avee.

CHORUS (DEUTSCH):
Leute, hört mal her, die Tiere fragen euch:
Wo können sie noch bleiben auf der Welt?
Elefant, das Gnu, der Löwe, Leopard,
das Nashorn, Zebra und das Dromedar?

OUTRO:
Leute, hört mal her!

Originalsprache / Übersetzung

Yezoum (Kamerun)

CHORUS:
Bote ya si ndon nda bia ya bo yaa.
Bia di vee ooo bia keu tabe avee.

VERS:
Nga Mia yen aneu bia
keu bia mane ooo
bo bedjang bezing beu
mbeu si gnou na beu maneya.
Ngueu Mia wok ki a melo
ngua Mia yen a mis maaan

ngua mia yeumeu naa bia
feu bineu bote ya si ndon ooo.

BRIDGE:
Ekieee nga mia wok osson ee.
Nkoul wa long eee.

Nkoul ya nnam ezooumeee.

Wasili mina nsii.
Wasili mina nsili.
Humm ekieee!

Übersetzung des Songtextes

CHORUS:
Ich wende mich an euch, Menschheit.
Also: was sollen wir machen?

VERS:
Seht ihr nicht, dass wir aussterben
wegen eures Fehlverhaltens?
Einige unserer Verwandten
sind bereits ausgestorben wegen euch.
Hört ihr nicht mit euren Ohren?
Sind eure Augen nicht da um zu sehen,
was passiert?
Wisst ihr nicht, dass auch wir auf
diesem Planeten leben, den ihr zerstört?

BRIDGE:
Schämt ihr euch nicht?
Die Buschtrommel hält euch an aufzuhören,
unseren Planeten zu zerstören.
Hört der Trommel zu! Im Namen der Tiere:
hört auf den Planeten zu zerstören.
Die Trommel stellt euch die Frage,
sie stellt euch die Frage!
(Ausruf)

© KONTAKTE Musikverlag, Lippstadt

EARTH CHOIR KIDS – SONG 4: Dje – die Tiere Afrikas

Chorsatz

Lied in Zusammenarbeit mit Musiker:innen aus Kamerun und dem Senegal

Text: Jean Louis Mbe' / Conny Schneider / Reinhard Horn (deutscher Text)
Musik: Jean Louis Mbe' / Conny Schneider / Reinhard Horn
Arrangement: Martin Kirchhübel

© KONTAKTE Musikverlag, Lippstadt

EARTH CHOIR KIDS – SONG 4: Dje — die Tiere Afrikas

 **EARTH CHOIR KIDS – SONG 4:** Dje — die Tiere Afrikas

EARTH CHOIR KIDS – SONG 4: Dje — die Tiere Afrikas

EARTH CHOIR KIDS – SONG 4: Dje — die Tiere Afrikas

EARTH CHOIR KIDS – SONG 4: *Dje — die Tiere Afrikas*

 ## INFO zum Song

Jeden Tag verlieren wir auf der Erde rund 150 Tier- und Pflanzenarten – unwiederbringlich gehen sie verloren. Die Weltnaturschutzunion IUCN veröffentlicht jedes Jahr die sogenannte „rote Liste" – darin werden alle aktuell vom Aussterben bedrohten Tier- und Pflanzenarten aufgeführt. In dem Bericht 2021 waren es fast 37.500 Arten. Ein Ende der Abwärtsspirale ist nicht in Sicht. Auch für Afrika ist die Situation dramatisch: So gibt es zum Beispiel nur noch drei lebende, nördliche Breitmaulnashörner in Afrika. Auch für den afrikanischen Savannenelefanten und den afrikanischen Waldelefanten sieht es nicht gut aus – und wir könnten hier noch viele weitere bedrohte Tier- und Pflanzenarten aufzählen. Warum schämen wir uns nicht? *Hören wir auf den Planeten zu zerstören!*

 Schaut euch mal die rote Liste an: www.iucnredlist.org

 Kurzlink zum Erklärvideo: www.ecklink.de/v04

Folgende Materialien stehen zum Download bereit:

 Der Song als Notensatz (kostenpflichtig)

 Der Chorsatz mit Piano-Begleitung (kostenfrei)

 Das Playback des Liedes (kostenpflichtig)
Der Song in Originalsprache (kostenpflichtig)

 Ihr findet alles unter: www.ecklink.de/downloads

 **EARTH CHOIR KIDS – SONG 5:** Earth-Overshoot-Day

Earth-Overshoot-Day (Du Erde, ausgezehrt)

Text: Markus Ehrhardt – Musik: Reinhard Horn

SONG 5   **CD TRACK 05**

Lyrics:

Heute kommt der Tag, an dem nichts reichen mag und alles sich dem Ende neigt. Weil unsre große Gier bereits schon jetzt und hier alle Ressourcen übersteigt. Aufgebraucht, längst überzogen, wirst zum Steinbruch, warst ein Haus: Heute gingen ungelogen,

CHORUS
Erde, deine Lichter aus! Neunzehnhundertneunzig. Du Erde, ausgezehrt. Du Erde, geschröpft! Unser Umgang ist ein grober. Du Erde, überlastet. Du Erde, ausgeschöpft – bereits am fünfzehnten Oktober.

BRIDGE
Weltweit reißen arme Länder Industrienationen raus, hier in Deutschland gingen nämlich im April die Lichter aus.

36   ©KONTAKTE Musikverlag, Lippstadt

EARTH CHOIR KIDS – SONG 5: Earth-Overshoot-Day

SONGTEXT

VERS 1:
Heute kommt der Tag,
an dem nichts reichen mag
und alles sich dem Ende neigt.
Weil unsre große Gier
bereits schon jetzt und hier
alle Ressourcen übersteigt.
Aufgebraucht, längst überzogen,
wirst zum Steinbruch, warst ein Haus:
Heute gingen ungelogen,
Erde, deine Lichter aus!

Neunzehnhundertneunzig (1990)

CHORUS:
Du Erde, ausgezehrt. Du Erde, geschröpft!
Unser Umgang ist ein grober!
Du Erde, überlastet. Du Erde, ausgeschöpft –
bereits am fünfzehnten Oktober.

VERS 2:
Wir lebten konsequent
über das Kontingent,
ab heute überziehen wir.
Was kostet schon die Welt?
Die Zeche wird geprellt,
die Rechnung landet ja bei dir!
Haben dich in all den Jahren
ausgenutzt, es kaum bereut.
Maßlos sind die Undankbaren –
das galt früher, das gilt heut!

Zweitausend (2000)

CHORUS:
Du Erde, ausgezehrt. Du Erde, geschröpft,
nicht erst Ende Dezember!
Du Erde, überlastet. Du Erde, ausgeschöpft –
am dreiundzwanzigsten September.

BRIDGE:
Weltweit reißen arme Länder Industrienationen raus,
hier in Deutschland gingen nämlich im April die Lichter aus.

CHORUS:
Du Erde, ausgezehrt. Du Erde, geschröpft!
Schreit das nicht himmelwärts?
Du Erde, überlastet. Du Erde, ausgeschöpft –
demnächst vielleicht im März?

CHORUS:
Du Erde, ausgezehrt. Du Erde, geschröpft!
Erkennt doch die Gefahr!
Du Erde, überlastet. Du Erde, ausgeschöpft –
demnächst im Februar!

CHORUS:
Du Erde, ausgezehrt. Du Erde, geschröpft!
Bald sind wir nicht mehr da.
Du Erde, überlastet. Du Erde, ausgeschöpft –
demnächst im Januar!

© KONTAKTE Musikverlag, Lippstadt

EARTH CHOIR KIDS – SONG 5: Earth-Overshoot-Day

Chorsatz

Text: Markus Ehrhardt – Musik: Reinhard Horn
Arrangement: Oliver Gies

Heu-te kommt der Tag, an dem nichts rei-chen mag und al-les

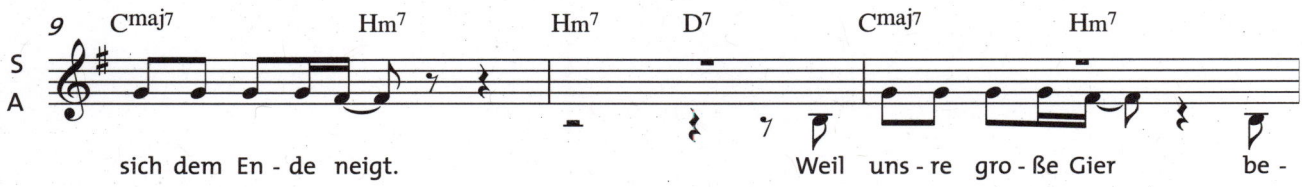

sich dem En-de neigt. Weil uns-re gro-ße Gier be-

reits schon jetzt und hier al-le Res-sour-cen ü-ber-steigt.

Auf-ge-braucht, längst ü-ber-zo-gen, wirst zum Stein-bruch, warst ein Haus:

Heu-te gin-gen, un-ge-lo-gen, Er-de, dei-ne Lich-ter aus!

© KONTAKTE Musikverlag, Lippstadt

EARTH CHOIR KIDS – SONG 5: Earth-Overshoot-Day

CHORUS 1

Neun-zehn-hun-dert-neun-zig. uh_____ Du Er-de, aus-ge-zehrt. Du Er-de, ge-schröpft! Un-ser Um-gang ist ein gro-ber! Du Er-de, ü-ber-las-tet. Du Er-de, aus-ge-schöpft — be-reits am fünf-zehn-ten Ok-to-ber.

VERS 2

Wir leb-ten kon-se-quent ü-ber das Kon-tin-gent, ab heu-te ü-ber-zie-hen wir. Was kos-tet schon die Welt? Die Ze-che wird ge-prellt, die Rech-nung lan-det ja bei dir!

© KONTAKTE Musikverlag, Lippstadt

 **EARTH CHOIR KIDS – SONG 5:** *Earth-Overshoot-Day*

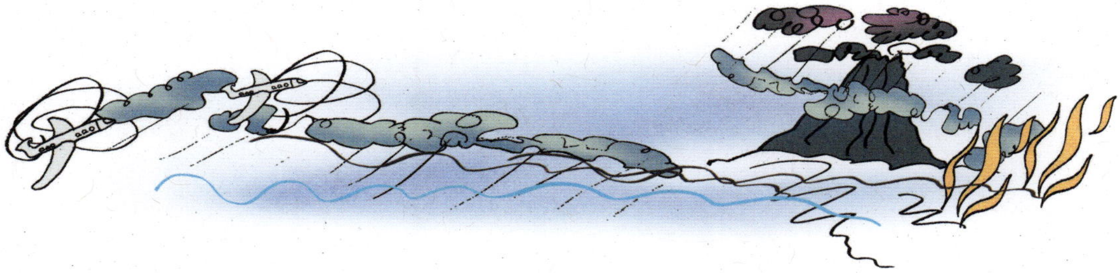

Ha - ben dich in all den Jah - ren aus - ge - nutzt, es kaum be - reut.

Maß - los sind die Un - dank - ba - ren das galt frü - her, das gilt heut!
Zwei - tau - send.
uh____
uh____

CHORUS 2

Du Er - de, aus - ge - zehrt. Du Er - de, ge - schröpft, nicht erst En - de De -

- zem - ber! Du Er - de, ü - ber - las - tet. Du Er - de, aus - ge - schöpft — am

40 © KONTAKTE Musikverlag, Lippstadt

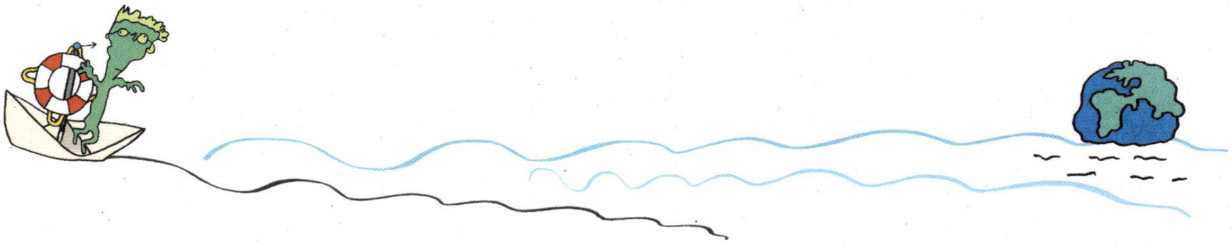

EARTH CHOIR KIDS – SONG 5: Earth-Overshoot-Day

EARTH CHOIR KIDS – SONG 5: Earth-Overshoot-Day

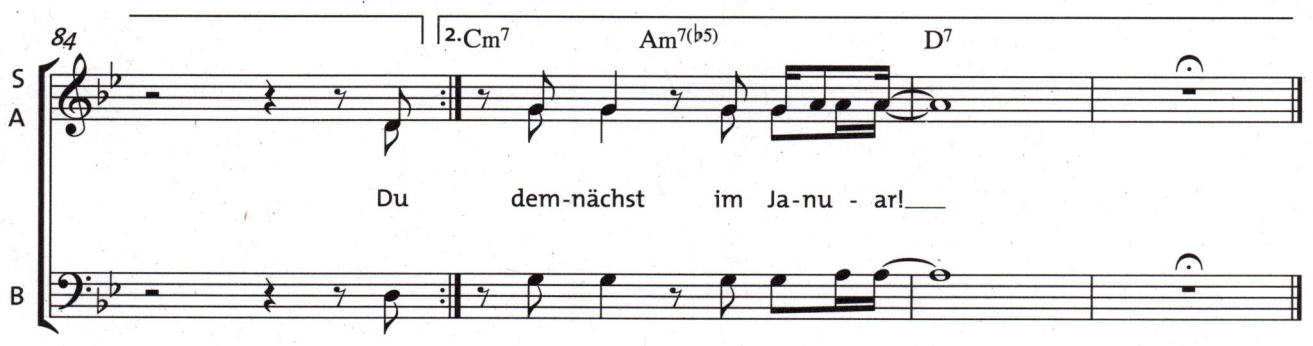

EARTH CHOIR KIDS – SONG 5: Earth-Overshoot-Day

INFO zum Song

*Earth-Overshoot-Day kann man auch übersetzen mit "Welterschöpfungstag".
Das ist der Tag, an dem für das laufende Jahr alle Ressourcen verbraucht sind
– also Essen, Trinken, Energie, Heizen und, und, und ...*

*Ab dem Tag müssten wir dann ohne all das auskommen,
um die Erde nicht weiter zu plündern.*

1970 – das ist erst rund 50 Jahre her – war es der 29. Dezember, also zwei Tage ohne Essen,
Trinken – könnte man noch hinbekommen.

1980 war es der 4. November, 1990 der 15. Oktober, 2000 der 23. September, 2010 der 7. August
und für 2021 war es der 29. Juli – das wären 155 Tage ohne alle Ressourcen.

Und für Deutschland war es 2021 sogar der 5. Mai – 240 Tage ohne alles.

So kann es nicht weitergehn!

www.overshootday.org

Kurzlink zum Erklärvideo: www.ecklink.de/v05

Folgende Materialien stehen zum Download bereit:

- Der Song als Notensatz (kostenpflichtig)
- Der Chorsatz mit Piano-Begleitung (kostenfrei)
- Das Playback des Liedes (kostenpflichtig)
- Ihr findet alles unter: www.ecklink.de/downloads

© KONTAKTE Musikverlag, Lippstadt

EARTH CHOIR KIDS – SONG 6: Alles hängt mit allem zusammen

Alles hängt mit allem zusammen

(aus dem Klima-Musical für Kinder: „Eisbär, Dr. Ping und die Freunde der Erde")
Text: Hans-Jürgen Netz – Musik: Reinhard Horn

SONG 6 **CD TRACK 06**

SONGTEXT

CHORUS:
Alles hängt mit allem zusammen.
Die Erde ist ein kleines Dorf.
Alles hängt mit allem zusammen.
Die Erde ist ein kleines Dorf.

VERS 1:
Der Nordpol liegt gleich neben Afrika.
Die Erde ist ein kleines Dorf
und ich bin mitten drin!
Der Nordpol liegt gleich neben Afrika.

CHORUS:
Alles hängt mit allem zusammen.
Die Erde ist ein kleines Dorf.
Alles hängt mit allem zusammen.
Die Erde ist ein kleines Dorf.

VERS 2:
Der Südpol liegt fast neben Wuppertal.
Was nebenan passiert,
das ist mir nicht egal.
Der Südpol liegt fast neben Wuppertal.

CHORUS: (2x)
Alles hängt mit allem zusammen.
Die Erde ist ein kleines Dorf.
Alles hängt mit allem zusammen.
Die Erde ist ein kleines Dorf.

© KONTAKTE Musikverlag, Lippstadt

EARTH CHOIR KIDS – SONG 6: Alles hängt mit allem zusammen

Chorsatz

Text: Hans-Jürgen Netz – Musik: Reinhard Horn
Arrangement: Martin Kirchhübel

EARTH CHOIR KIDS – SONG 6: Alles hängt mit allem zusammen

EARTH CHOIR KIDS – SONG 6: Alles hängt mit allem zusammen

INFO zum Song

Die Erde ist ein kleines Dorf! Und was bei uns passiert, hat Auswirkungen auf andere Teile der Erde.

Der Satz „Alles hängt mit allem zusammen" stammt übrigens von Alexander von Humboldt. Vor gut 250 Jahren geboren, war er ein „Universalgelehrter" – also kein Spezialist, wie wir sie heute haben. Er versuchte alle Dinge „zusammenzudenken". Das können wir heute dringend gebrauchen: *die Zusammenhänge erkennen!*

Also zum Beispiel: Das Futter der Kühe in Deutschland kommt aus Südamerika, unser Elektroschott landet auf Müllkippen in Afrika in Afrika, unsere Kleidung, die wir nicht mehr brauchen, wird in der Atacama-Wüste in Chile aufgetürmt.

Die Historikerin Andrea Wulf hat über Alexander von Humboldt gesagt: „Er war der erste Umweltschützer auf unserem Planeten, der Vater der Umweltbewegung, der Mann, der entdeckt hat, dass der Mensch das Klima verändern kann."

Und: Der Song „Alles hängt mit allem zusammen" stammt aus dem Klima-Musical „Eisbär, Dr. Ping und die Freunde der Erde" von Hans-Jürgen Netz und Reinhard Horn.

Kurzlink zum Erklärvideo: www.ecklink.de/v06

Folgende Materialien stehen zum Download bereit:

- Der Song als Notensatz (kostenpflichtig)
- Der Chorsatz mit Piano-Begleitung (kostenfrei)
- Das Playback des Liedes (kostenpflichtig)
- **Ihr findet alles unter:** www.ecklink.de/downloads

© KONTAKTE Musikverlag, Lippstadt

EARTH CHOIR KIDS – SONG 7: Jeder Teil dieser Erde

Jeder Teil dieser Erde

Text: nach der Rede des Häuptlings Seattle – Musik: Reinhard Horn
Lied in Zusammenarbeit mit argentinischen Musiker:innen.

SONG 7   **CD TRACK 07**

CHORUS
Je-der Teil die-ser Er - de ist hei-lig, ist hei-lig mei-nem Volk!

VERS
Wie kann man den Him-mel kau-fen__ o-der die Wär-me der Er-de?__
Wie kann man die Fri-sche der Luft, das Glit-zern des Was-sers be-sit-zen?
Was ist der Mensch oh-ne die Tie-re? Was
im-mer den Tie-ren ge-schieht, es ge-schieht auch bald den Men-schen!

VERS/TANGO
Erst wenn ihr den letz-ten Baum ge-schla-gen, den letz-ten Fluss ver-gif-tet,__ den
letz-ten Fisch ge-fan-gen, dann wer-det ihr sehn, dann wer-det ihr sehn,

CHORUS FINE
ihr wer-det ver-stehn, dass man Geld nicht es-sen__ kann. El to-tal__
d'es-ta tier-ra__ es San-ta, es San-ta pa-ra la Hu-ma-ni dad!

48 © KONTAKTE Musikverlag, Lippstadt

EARTH CHOIR KIDS – SONG 7: Jeder Teil dieser Erde

🎵 SONGTEXT

CHORUS:
Jeder Teil dieser Erde ist heilig,
ist heilig meinem Volk!

VERS 1:
Wie kann man den Himmel kaufen
oder die Wärme der Erde?
Wie kann man die Frische der Luft,
das Glitzern des Wassers besitzen?
Was ist der Mensch ohne die Tiere?
Was immer den Tieren geschieht,
es geschieht auch bald den Menschen!

CHORUS:
Jeder Teil dieser Erde ist heilig,
ist heilig meinem Volk!

VERS 2:
Erst wenn ihr den letzten Baum geschlagen,
den letzten Fluss vergiftet, den letzten Fisch gefangen,
dann werdet ihr sehn, dann werdet ihr sehn,
ihr werdet verstehn, dass man Geld nicht essen kann.

CHORUS (SPANISCH) 2x:
El total d'esta tierra es santa, es santa,
para la humanidad!

CHORUS:
Jeder Teil dieser Erde ist heilig,
ist heilig meinem Volk!

CHORUS (SPANISCH):
El total d'esta tierra es santa, es santa,
para la humanidad!

© KONTAKTE Musikverlag, Lippstadt

EARTH CHOIR KIDS – SONG 7: *Jeder Teil dieser Erde*

Chorsatz

Text: nach der Rede des Häuptlings Seattle – Musik: Reinhard Horn
Lied in Zusammenarbeit mit argentinischen Musiker:innen.
Arrangement: Martin Kirchhübel

EARTH CHOIR KIDS – SONG 7: Jeder Teil dieser Erde

EARTH CHOIR KIDS – SONG 7: *Jeder Teil dieser Erde*

EARTH CHOIR KIDS – SONG 7: *Jeder Teil dieser Erde*

INFO zum Song

Zunächst: Der Liedtext ist durch eine *Rede des Häuptlings Seattle* inspiriert.

Der Häuptling Seattle hat wirklich gelebt – vermutlich von 1786 bis 1866. Und er war Häuptling der Suquamish und Duwanish-Stämme. Und die Rede, von der hier gesprochen wird, hat er wohl wirklich gehalten – 1854 vor dem Gouverneur des Washington Territoriums. So wie wir heute den Text kennen, wird er wohl nicht gewesen sein.

Aber ein Satz geht auf Häuptling Seattle zurück:
„Jeder Teil dieser Erde ist meinem Volk heilig!"

Heilig bedeutet soviel wie heil oder ganz – im englischen sagt man „holy" und da steckt dann „whole" drin. „Jeder Teil dieser Erde ist also meinem Volk ganz" – alles hängt eben mit allem zusammen und erst alle Teile ergeben zusammen das große Ganze, das „Heilige".

Manche sehen darin auch den Hinweis, dass Gott diese Erde, diese Schöpfung als Ganzes so geschaffen hat, wie sie ist. Übrigens, der Name der US-amerikanischen Stadt Seattle geht auf eben diesen Häuptling Seattle zurück.

Kurzlink zum Erklärvideo: www.ecklink.de/v07

Folgende Materialien stehen zum Download bereit:

- Der Song als Notensatz (kostenpflichtig)
- Der Chorsatz mit Piano-Begleitung (kostenfrei)
- Das Playback des Liedes (kostenpflichtig)
- Ihr findet alles unter: www.ecklink.de/downloads

© KONTAKTE Musikverlag, Lippstadt

EARTH CHOIR KIDS – SONG 8: What a wonderful world

What a wonderful world

Text und Musik: George David Weiss / Bob Thiele (George Douglas)

SONG 8   **CD TRACK 08**

EARTH CHOIR KIDS – SONG 8: What a wonderful world

SONGTEXT

VERS 1:
I see trees of green, red roses too.
I see them bloom for me and you
and I think to myself:
What a wonderful world.

VERS 2:
I see skies of blue and clouds of white.
The bright blessed day, the dark sacred night
and I think to myself:
What a wonderful world.

BRIDGE:
The colours of the rainbow, so pretty in the sky,
are also on the faces of people going by.
I see friends shaking hands,
saying: „How do you do?"
They're really saying:„I love you!"

VERS 3:
I hear babies cryin', I watch them grow.
They'll learn much more than I'll ever know.
And I think to myself:
What a wonderful world.

© Concord Music GmbH / BMG Rights Management GmbH
All Rights Reserved. Used by permission of Hal Leonard Europe Limited [62,5% share]
© 1967 (Renewed) Range Road Music INC., Bug Music-Quartet Music INC. and Abilene Music,
INC. (Administered by Imagem Music, LLC)
All Rights for Range Road Music INC. Controlled and Administered by Round Hill Carlin, LLC
Exclusive Worldwide Print Rights for ROUND HILL CARLIN Administered by ALFRED MUSIC
All Rights Reserved.
Used by Permission of FABER MUSIC LTD. on behalf of ALFRED MUSIC [37.5% share]

(p) KONTAKTE Musikverlag, Lippstadt

 **EARTH CHOIR KIDS – SONG 8:** *What a wonderful world*

Chorsatz

Text und Musik: George David Weiss / Bob Thiele (George Douglas)
Arrangement: Guido Jöris

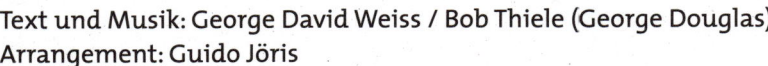

EARTH CHOIR KIDS – SONG 8: What a wonderful world

EARTH CHOIR KIDS – SONG 8: What a wonderful world

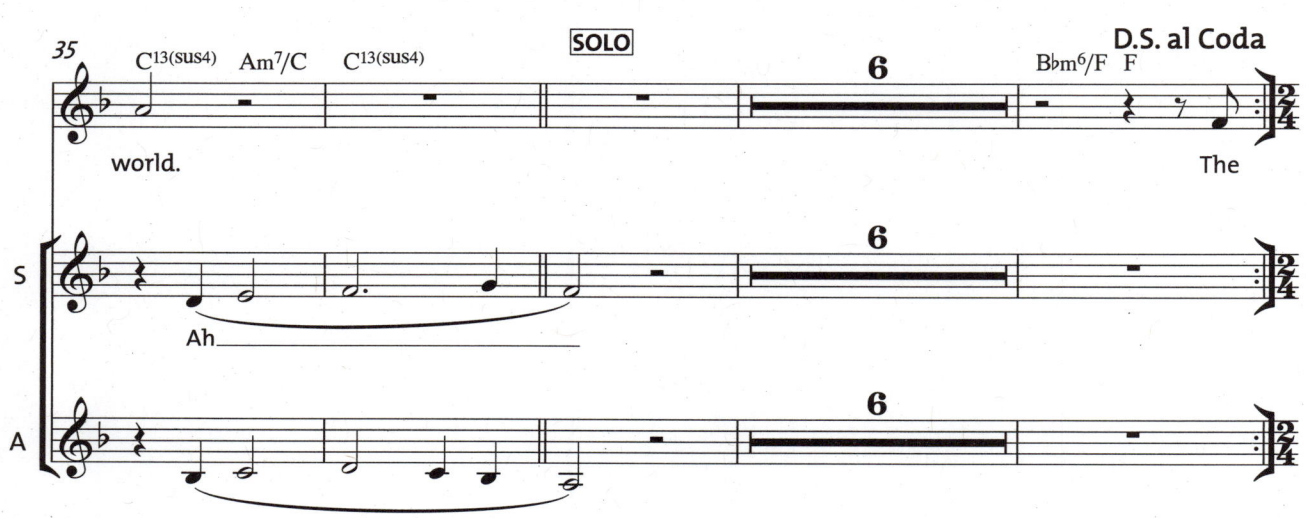

EARTH CHOIR KIDS – SONG 8: What a wonderful world

INFO zum Song

Es ist wohl das bekannteste Lied über die Schönheit dieser Erde:
Louis Armstrong hat es 1967 gesungen und viele, viele Menschen nach ihm.

1967 gab es in den USA große Sorgen und Probleme: der Vietnamkrieg tobte, es gab Proteste gegen Diskriminierung und Rassismus. Martin Luther King ging mit vielen tausend Menschen auf die Straße, um für Gerechtigkeit einzutreten. Und genau in dieser Zeit hat Louis Armstrong dieses Lied gesungen und versucht, trotz aller Probleme etwas Positives zu singen.
What a wonderful world!

So erzählt das Lied von der Natur, von Freundschaft und von den Kindern und macht Hoffnung, dass trotz aller Sorgen und Probleme diese Welt eine Wunderbare ist.
Schauen wir wie die Kinder auf diese wunderbare Welt
und verlernen darüber nicht das Staunen.

Kurzlink zum Erklärvideo: www.ecklink.de/v08

Folgende Materialien stehen zum Download bereit:

- Der Song als Notensatz (kostenpflichtig)
- Der Chorsatz mit Piano-Begleitung (kostenfrei)
- Das Playback des Liedes (kostenpflichtig)
- Ihr findet alles unter: www.ecklink.de/downloads

EARTH CHOIR KIDS – SONG 9: Im Namen der Kinder

Im Namen der Kinder

Text: Hans-Jürgen Netz – Musik: Reinhard Horn

SONG 9 CD TRACK 09

♩ = 124 **VERS**

1. Im Na-men der Mee-re – wir Kin-der sa-gen: „NEIN"! Im Na-men der Wa-le – wir Kin-der sa-gen: „NEIN"! Im Na-men der Fi-sche – wir Kin-der sa-gen: „NEIN"! Wir Kin-der sa-gen: „NEIN"! Das al-les darf nicht sein!

2. Na-men der Er-de – wir Kin-der sa-gen: „NEIN"! Im Na-men der Tie-re – wir Kin-der sa-gen: „NEIN"! Im Na-men der Bäu-me – wir Kin-der sa-gen: „NEIN"! Wir Kin-der sa-gen: „NEIN"! Das al-les darf nicht sein! 2. Im

2. al-les darf nicht sein!

CHORUS

Hört gut zu, ihr Bos-se die-ser Er-de! Hört gut zu, ihr Gro-ßen die-ser Welt! Wir Kin-der ste-hen auf, es ist un-ser Pla-net! Wir Kin-der ste-hen auf: Es ist nicht zu spät! Im Na-men der Kin-der: Steht al-le auf! Im Na-men der Kin-der: Steht al-le auf!

HOOK

BRIDGE

Treib-haus-ga-se, Plas-tik-müll,

© KONTAKTE Musikverlag, Lippstadt

EARTH CHOIR KIDS – SONG 9: Im Namen der Kinder

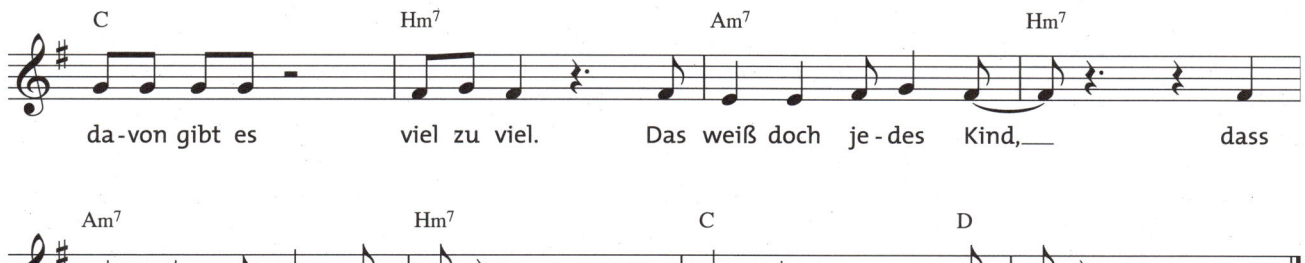

SONGTEXT

VERS 1:
Im Namen der Meere – wir Kinder sagen: NEIN!
Im Namen der Wale – wir Kinder sagen: NEIN!
Im Namen der Fische – wir Kinder sagen: NEIN!
Wir Kinder sagen: NEIN! Das alles darf nicht sein!

VERS 2:
Im Namen der Erde – wir Kinder sagen: NEIN!
Im Namen der Tiere – wir Kinder sagen: NEIN!
Im Namen der Bäume – wir Kinder sagen: NEIN!
Wir Kinder sagen: NEIN! Das alles darf nicht sein!

CHORUS:
Hört gut zu, ihr Bosse dieser Erde!
Hört gut zu, ihr Großen dieser Welt!
Wir Kinder stehen auf, es ist unser Planet!
Wir Kinder stehen auf: Es ist nicht zu spät!
Im Namen der Kinder: Steht alle auf!
Im Namen der Kinder: Steht alle auf!

VERS 3:
Im Namen des Klimas – wir Kinder sagen: NEIN!
Im Namen der Lüfte – wir Kinder sagen: NEIN!
Im Namen der Vögel – wir Kinder sagen: NEIN!
Wir Kinder sagen: NEIN! Das alles darf nicht sein!

BRIDGE:
Treibhausgase, Plastikmüll,
davon gibt es viel zu viel.
Das weiß doch jedes Kind,
dass Sonne, Wasser, Wind
unsre Zukunft sind!

CHORUS:
Hört gut zu, ihr Bosse dieser Erde!
Hört gut zu, ihr Großen dieser Welt!
Wir Kinder stehen auf, es ist unser Planet!
Wir Kinder stehen auf: Es ist nicht zu spät!
Im Namen der Kinder: Steht alle auf!
Im Namen der Kinder: Steht alle auf!

© KONTAKTE Musikverlag, Lippstadt

EARTH CHOIR KIDS – SONG 9: Im Namen der Kinder

Chorsatz

Text: Hans-Jürgen Netz – Musik: Reinhard Horn
Arrangement: Oliver Gies

© KONTAKTE Musikverlag, Lippstadt

EARTH CHOIR KIDS – SONG 9: Im Namen der Kinder

 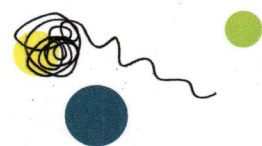

EARTH CHOIR KIDS – SONG 9: Im Namen der Kinder

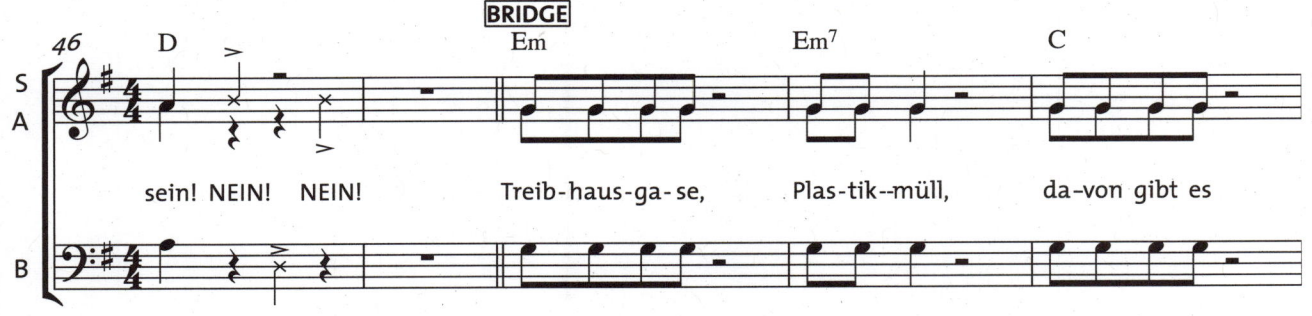

EARTH CHOIR KIDS – SONG 9: Im Namen der Kinder

INFO zum Song

Dieser Song entstand 2011 für GREENPEACE. Es ist ein kraftvolles Lied, das der bedrohten Natur und Schöpfung eine Stimme gibt, und zwar die Stimme der Kinder!
Die drei Strophen widmen sich dem Wasser (Wale und Fische), der Erde (Tiere und Bäume) und dem Klima (Luft und Vögel). Und immer wieder fordern die Kinder:
„Wir sagen NEIN! Das alles darf nicht sein!"
Und so ist der Aufruf „Wir Kinder stehen auf! Es ist unser Planet!" ein Vorbote gewesen von Greta Thunberg und von Fridays for Future. Also, hört gut zu, ihr Bosse dieser Erde:
Die Kinder erheben ihre Stimme für diesen Planeten, für alle Arten und Lebewesen und für ein Morgen auf dieser Erde.

 Das Lied gibt es auch als Clip bei youtube: www.ecklink.de/101

 Kurzlink zum Erklärvideo: www.ecklink.de/v09

Folgende Materialien stehen zum Download bereit:

- Der Song als Notensatz (kostenpflichtig)
- Der Chorsatz mit Piano-Begleitung (kostenfrei)
- Das Playback des Liedes (kostenpflichtig)
- Ihr findet alles unter: www.ecklink.de/downloads

© KONTAKTE Musikverlag, Lippstadt

EARTH CHOIR KIDS – SONG 10: Wir sind kleine Helden

Wir sind kleine Helden

(aus dem Klima-Musical für Kinder: „Eisbär, Dr. Ping und die Freunde der Erde")
Text: Hans-Jürgen Netz – Musik: Reinhard Horn

SONG 10   **CD TRACK 10**

Der Er-de geht es schlecht, ihr habt ja so Recht. So kann's nicht wei-ter-gehn, es
Kli-ma geht es mies. Das ist ganz schön fies. Hört mir mal al-le zu: Ja,

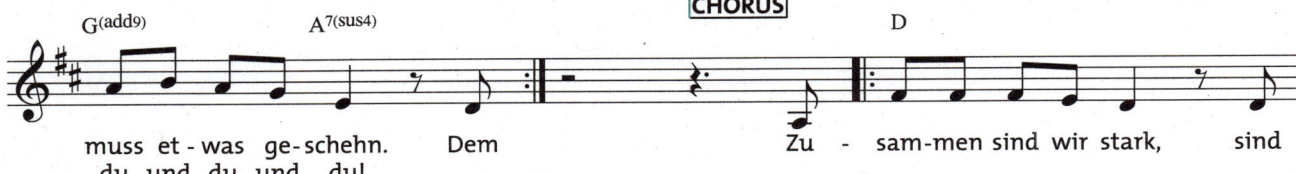

muss et-was ge-schehn. Dem
du und du und du!   Zu-sam-men sind wir stark, sind

mu-tig und schlau, wir sind klei-ne Hel-den, wir schaf-fen das. Ge-nau! Zu-

schaf-fen das. Ge-nau! Denn die Er-de gibt's nur ein-mal! Denn die

Er-de gibt's nur ein-mal! Denn die Er-de gibt es nur: EIN-MAL!

66   © KONTAKTE Musikverlag, Lippstadt

EARTH CHOIR KIDS – SONG 10: Wir sind kleine Helden

SONGTEXT

VERS 1:
Der Erde geht es schlecht, ihr habt ja so Recht.
So kann's nicht weitergehn, es muss etwas geschehn.

VERS 2:
Dem Klima geht es mies. Das ist ganz schön fies.
Hört mir mal alle zu: Ja, du und du und du!

CHORUS:
Zusammen sind wir stark, sind mutig und schlau,
wir sind kleine Helden, wir schaffen das. Genau!
Zusammen sind wir stark, sind mutig und schlau,
wir sind kleine Helden, wir schaffen das. Genau!

BRIDGE:
Denn die Erde gibt's nur einmal!
Denn die Erde gibt's nur einmal!
Denn die Erde gibt es nur: EINMAL!

VERS 3:
Der Erde geht es schlecht, ihr habt ja so Recht.
So kann's nicht weitergehn, es muss etwas geschehn.

CHORUS 2x:
Zusammen sind wir stark, sind mutig und schlau,
wir sind kleine Helden, wir schaffen das. Genau!
Zusammen sind wir stark, sind mutig und schlau,
wir sind kleine Helden, wir schaffen das. Genau!

EARTH CHOIR KIDS – SONG 10: Wir sind kleine Helden

Chorsatz

Text: Hans-Jürgen Netz – Musik: Reinhard Horn
Arrangement: Stefan Flügel

VERS 1: Der Erde geht es schlecht, ihr habt ja so Recht. So kann's nicht weitergehn, es muss etwas geschehn.

VERS 2: Oh, Dem Klima geht es mies. Das ist ganz schön fies. Hört mir mal alle zu: Ja, du und du und du!

CHORUS: Zusammen sind wir stark, sind mutig und schlau, wir sind kleine Helden, wir schaffen das. Genau! Zusammen sind wir stark, sind mutig und schlau, wir

© KONTAKTE Musikverlag, Lippstadt

EARTH CHOIR KIDS – SONG 10: Wir sind kleine Helden

EARTH CHOIR KIDS – SONG 10: Wir sind kleine Helden

EARTH CHOIR KIDS – SONG 10: *Wir sind kleine Helden*

INFO zum Song

So kann's nicht weitergehn! Das Lied aus dem Klimamusical für Kinder „Eisbär, Dr. Ping und die Freunde der Erde" aus dem Jahre 2007 macht Kindern – und nicht nur ihnen – Mut:
Wir können etwas bewegen! Wir können etwas verändern!

Wenn wir mutig sind und schlau, dann können wir mit ganz viel Herz zusammen etwas bewegen! Da sind wieder die drei Begleiter der kleinen Dorothy aus „Der Zauberer von Oz":
Verstand, Herz, Mut. (Siehe Seite 83)

Unsere Erde gibt es nur einmal! Es gibt keine zweite oder dritte Erde oder einen anderen Planeten. Wenn alle Menschen auf der Erde so leben würden wie wir Deutschen, dann bräuchten wir drei Erden! – Haben wir nicht, auch keinen Reserve-Planeten, also müssen wir unser Leben verändern.

So kann es nicht weitergehen!

www.klima-musical.de

Kurzlink zum Erklärvideo: www.ecklink.de/v10

Eisbär, Dr. Ping und die Freunde der Erde

Folgende Materialien stehen zum Download bereit:

- Der Song als Notensatz (kostenpflichtig)
- Der Chorsatz mit Piano-Begleitung (kostenfrei)
- Das Playback des Liedes (kostenpflichtig)
- Ihr findet alles unter: www.ecklink.de/downloads

© KONTAKTE Musikverlag, Lippstadt

EARTH CHOIR KIDS – SONG 11: We have to melt the ice in the heart of man

We have to melt the ice in the heart of man

Text: Angaangaq / Reinhard Horn – Musik: Angaangaq / Reinhard Horn
Lied in Zusammenarbeit mit dem grönländischen Inuit-Schamanen Angaangaq

SONG 11 **CD TRACK 11**

(Notation: VERS, ♩ = 96)

1. We have to melt the ice in the heart of man. We have to stand hand in hand, yes, we can. We have to sing ou-r song to reach your heart. Come on and sing ou-r song, be an im-por-tant part.

CHANT

Hei ja e jo he. Hei ja e jo he. Hei ja e jo he. Hei ja e jo he. Hei ja e jo he. Hei ja e jo he. Hei. Hei.

SPRECHTEXT

My name is Angaangaq. I am an Inuit-Kalaallit Elder from Greenland and I am a traditional healer. My specific job was to bring the messages to the world about the melting of the big ice. But after all these years of running, there has been no change. So I told my mother that I don't want to be a runner anymore. She stood up and took my hands. And as she took my hands she looked into my eyes and said: „My dear, you have to learn to melt the ice in the heart of man. Only by melting the ice in the heart of man, man will have a chance to change and begin using his knowledge wisely."

The world is full of wonders. Every species has a special purpose for being here. But we are losing the diversity of species and the land where the wild animals can live. If we create this world together where everybody belongs, then the ice in our hearts will begin to melt.

(aus dem Buch:
Sarah Foster, The New Dreaming: Messages from Our Elders and Knowledge Keepers Around the World)

EARTH CHOIR KIDS – SONG 11: We have to melt the ice in the heart of man

SONGTEXT

VERS 1:
We have to melt the ice in the heart of man.
We have to stand hand in hand, yes we can.
We have to sing our song to reach your heart.
Come on and sing our song – be an important part.

VERS 2:
Mother earth has given us our own melody.
Mother earth has given us so much love energy.
We have one voice, one soul, we have one heart.
Come on and sing our song – be an important part.

VERS 3:
We start to make the world a better place.
We sing our song of peace for the whole human race.
We start our dream – now and then.
We have to melt the ice in the heart of man.

CHANT:
Hei ja e jo hei – Hei ja e jo hei
Hei ja e jo hei – Hei ja e jo hei
Hei ja e jo hei – Hei ja e jo hei – Hei – hei

VERS 4:
We have to melt the ice in the heart of man.
We have to stand hand in hand – yes we can.
We have to sing our song to reach your heart.
Come on and sing our song – be an important part.

SPRECHTEXT

And my grandmother would tell us: „Don't wait for a miracle to come from the sky. That will not come. You are the miracle. So, act as a miracle for this world."

VERS 5:
We start to make the world a better place.
We sing our song of peace for the whole human race.
We start our dream – now and then.
We have to melt the ice in the heart of man.

© KONTAKTE Musikverlag, Lippstadt

EARTH CHOIR KIDS – SONG 11: We have to melt the ice in the heart of man

Chorsatz

Text: Angaangaq / Reinhard Horn – Musik: Angaangaq / Reinhard Horn
Lied in Zusammenarbeit mit dem grönländischen Inuit-Schamanen Angaangaq
Arrangement: Tine Fris-Ronsfeld

© KONTAKTE Musikverlag, Lippstadt

EARTH CHOIR KIDS – SONG 11: We have to melt the ice in the heart of man

EARTH CHOIR KIDS – SONG 11: We have to melt the ice in the heart of man

make the world a bet-ter place. We sing our song of peace for the
whole hu-man race. We start ou-r dream – now and then. We have to
melt the ice in the heart of man.

CHANT
Hei ja e jo he Hei ja e jo he Hei ja e jo
he Hei ja e jo he Hei ja e jo he

VERS 4
Soprano Solo
Hei ja e jo he hei hei We have to
melt the ice in the heart of man. We have to stand hand in hand,

76 ©KONTAKTE Musikverlag, Lippstadt

EARTH CHOIR KIDS – SONG 11: We have to melt the ice in the heart of man

 **EARTH CHOIR KIDS – SONG 11:** We have to melt the ice in the heart of man

INFO zum Song

Wir haben kein Erkenntnisproblem, wenn wir über das Thema „Klima"
und über den Zustand unserer Erde nachdenken. Wir wissen schon, was zu tun ist.
Offensichtlich aber haben wir ein Handlungsproblem – wie können wir das,
was wir erkannt haben, in unser Handeln aufnehmen? Scheint schwierig.

Vielleicht kann uns der Inuit-Schamane Angaangaq dabei helfen:
„We have to melt the ice in the heart of man."

Was kann das Eis in den Herzen der Menschen besser schmelzen als Musik und Geschichten.
Gute Lieder und gute Geschichten sind Seelenproviant für uns Menschen und können ein
wichtiger Lebensbegleiter sein und uns ermutigen die nächsten Schritte zu tun.

Angaangaq lebt auf Grönland und er kennt sich wirklich mit EIS aus – und er weiß,
was es bedeutet, wenn das große Eis auf Grönland schmilzt. Also:

*Schmelzen wir das Eis in den Herzen der Menschen, bringen wir die Welt
zum Klingen und öffnen wir unser Herz für gute Geschichten.*

 Website von Angaangaq: www.icewisdom.com

 Kurzlink zum Erklärvideo: www.ecklink.de/v11

Folgende Materialien stehen zum Download bereit:

 Der Song als Notensatz (kostenpflichtig)

 Der Chorsatz mit Piano-Begleitung (kostenfrei)

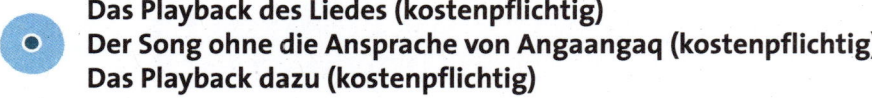 Das Playback des Liedes (kostenpflichtig)
Der Song ohne die Ansprache von Angaangaq (kostenpflichtig)
Das Playback dazu (kostenpflichtig)

 **Ihr findet alles unter: www.ecklink.de/downloads**

EARTH CHOIR KIDS – SONG 12: Over the rainbow

Over the rainbow

Text: E.Y. „Yip" Harburg – Musik: Harold Arlen

 SONG 12

 CD TRACK 12

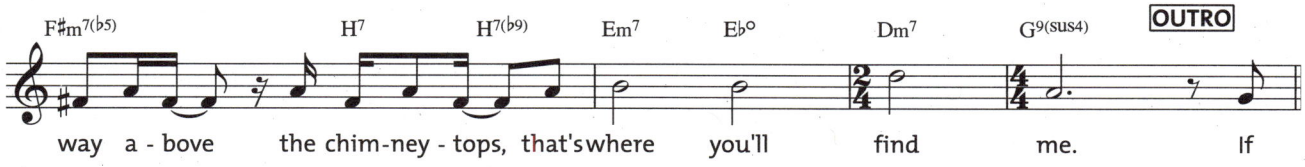

© 1938 (Renewed) METRO-GOLDWYN-MAYER INC.
© 1939 (Renewed) EMI FEIST CATALOG INC.
All Rights Administered by EMI FEIST CATALOG INC. (Publishing) and ALFRED MUSIC (Print).
All Rights Reserved. Used by permission of Hal Leonard Europe Limited.

(p) KONTAKTE Musikverlag, Lippstadt

EARTH CHOIR KIDS – SONG 12: Over the rainbow

SONGTEXT

VERS:
Somewhere over the rainbow way up high,
there's a land that I heard of once in a lullaby.
Somewhere over the rainbow skies are blue
and the dreams that you dare to dream really do come true.

BRIDGE:
Some day I'll wish upon a star
and wake up where the clouds are far behind me.
Where troubles melt like lemon dops
away above the chimney tops, that's where you'll find me.

VERS:
Somewhere over the rainbow bluebirds fly,
birds fly over the rainbow. Why then, oh why can't I?

OUTRO:
If happy little bluebirds fly beyond the rainbow.
Why, oh why can't I?

Chorsatz

Text: E.Y. „Yip" Harburg – Musik: Harold Arlen

Arrangement: Guido Jöris

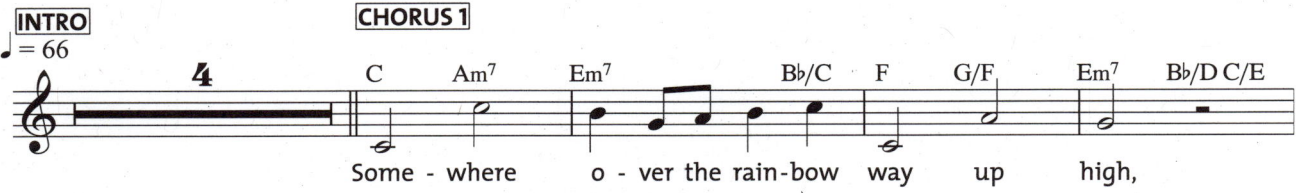

(p) KONTAKTE Musikverlag, Lippstadt – mit freundlicher Genehmigung von Hal Leonhard Europe Limited

EARTH CHOIR KIDS – SONG 12: Over the rainbow

EARTH CHOIR KIDS – SONG 12: Over the rainbow

EARTH CHOIR KIDS – SONG 12: Over the rainbow

INFO zum Song

Der Song stammt aus dem Film zum Kinderbuch „Der Zauberer von Oz" – eine Geschichte, die von vielen Kindern gelesen oder im Theater und Kino gesehen wurde. Darin geht es um *Träume und Sehnsüchte* – die haben alle Menschen.

Und die drei Begleiter der kleine Dorothy stehen auch als Symbol für die Kräfte, mit denen man seine *Träume verwirklichen* kann: der Verstand (die Vogelscheuche), das Herz (der Zimmermann) und der Mut (der Löwe).

Um unseren Planeten zu beschützen, brauchen wir alle diese drei Dinge: Verstand, Herz und Mut.

Und wir brauchen den *Glauben* an die *Kraft der Träume*, damit *„over the rainbow"* auch auf der Erde Wirklichkeit werden kann – davon erzählt das Bild des REGENBOGENS.

 Kurzlink zum Erklärvideo: www.ecklink.de/v12

Folgende Materialien stehen zum Download bereit:

- Der Song als Notensatz (kostenpflichtig)
- Der Chorsatz mit Piano-Begleitung (kostenfrei)
- Das Playback des Liedes (kostenpflichtig)
- Ihr findet alles unter: www.ecklink.de/downloads

 **EARTH CHOIR KIDS – SONG 13:** Dafür stehn wir auf!

Dafür stehn wir auf!

Text: Hans-Jürgen Netz – Musik: Reinhard Horn

SONG 13 CD TRACK 13

1. Millionen Kinder träumen von einem Morgen ohne Hunger, ohne Hass, ohne Kriege, ohne Neid, vom Frieden auf der Erde und Gerechtigkeit, von einem prima Klima, von einer guten Zeit.

CHORUS
Nie, nie, nie, nie, nie hört unser Träumen auf! Träume werden wahr, dafür stehn wir auf!

BRIDGE
Schau in den Spiegel! Du kannst was tun! Schau in den Spiegel! Auf dich kommt es an. Warte nicht auf morgen, fang heute an: Steh mit uns auf! Steh auf! Wir fangen an!

© KONTAKTE Musikverlag, Lippstadt

EARTH CHOIR KIDS – SONG 13: Dafür stehn wir auf!

SONGTEXT

VERS 1:
Millionen Kinder träumen von einem Morgen
ohne Hunger, ohne Hass, ohne Kriege, ohne Neid,
vom Frieden auf der Erde und Gerechtigkeit,
von einem prima Klima, von einer guten Zeit.

VERS 2:
Millionen Kinder träumen von einem Leben
ohne Armut, ohne Angst, ohne Hunger, ohne Not,
von Freiheit für die Menschen und geteiltem Brot,
von einem prima Klima, von einer guten Zeit.

CHORUS (2x):
Nie, nie, nie, nie, nie hört unser Träumen auf.
Träume werden wahr, dafür stehn wir auf!

VERS 3:
Millionen Kinder wollen jetzt einen Anfang,
wo aus Einsicht und mit Weitsicht die Welt sich ändern wird,
mit Ehrfurcht vor dem Leben und mit Achtsamkeit.
Jetzt ist es soweit. Jetzt ist es soweit.

BRIDGE:
Schau in den Spiegel! Du kannst was tun!
Schau in den Spiegel! Auf dich kommt es an.
Warte nicht auf morgen, fang heute an:
Steh mit uns auf! Steh auf! Wir fangen an!
Steh mit uns auf! Steh auf! Steh mit uns auf!
Steh mit uns auf! Steh auf! Steh mit uns auf!

CHORUS (3x):
Nie, nie, nie, nie, nie hört unser Träumen auf.
Träume werden wahr, dafür stehn wir auf!

OUTRO:
Dafür stehn wir auf!

Chorsatz

Text: Hans-Jürgen Netz – Musik: Reinhard Horn
Arrangement: Oliver Gies

© KONTAKTE Musikverlag, Lippstadt

EARTH CHOIR KIDS – SONG 13: Dafür stehn wir auf!

EARTH CHOIR KIDS – SONG 13: Dafür stehn wir auf!

(SATB choral score, measures 50–73)

S/A: uh — die Welt sich än-dern wird — mit Ehr-furcht vor dem Le-ben und mit Acht-sam-keit.
B: die Welt sich än-dern wird mit Ehr-furcht vor dem Le-ben und mit Acht-sam-keit.

S/A: Jetzt ist es so-weit, jetzt ist es so-weit.
B: Jetzt ist es so-weit, jetzt ist es so-weit.

BRIDGE
Schau in den Spie-gel! Du kannst was tun! Schau in den Spie-gel! Auf dich kommt es an. War-te nicht auf mor-gen, fang heu-te an: Steh mit uns auf! Steh auf! Wir fan-gen an!

Chords: C(add9), D(add9), Em(add9), D/F#, Gmaj7, Em7, Am7, D(sus4), D(sus4), Gm7, Am7(♭5), Cm7, D7(♭9), Gm7, Am7(♭5), D7(♭9), Gm7, Am7(♭5), D/F#, Cm7, D7(♭9), Gm7, Am7(♭5), Cm7, D7(♭9)

© KONTAKTE Musikverlag, Lippstadt

EARTH CHOIR KIDS – SONG 13: Dafür stehn wir auf!

EARTH CHOIR KIDS – SONG 13: Dafür stehn wir auf!

🎯 INFO zum Song

Was bedeutet das, aufzustehen für eine Sache? Bei Abstimmungen wird das zum Beispiel gemacht: Die dafür sind, stehen auf oder auch die dagegen sind, stehen auf.
Aufstehen bedeutet also: Ich zeige meine Meinung und engagiere mich dafür!

Und dieses Lied benennt Dinge, für die es sich lohnt aufzustehn:
für Frieden, gegen Armut, Kriege und Hunger, für Klima-Gerechtigkeit.

Klima-Gerechtigkeit bedeutet, dass die Länder, die den Klimawandel vor allem verursacht haben, nun auch für die globalen Schäden einstehen und dass sie die, die unter den Folgen am meisten leiden, nicht im Regen stehen lassen.
Das Lied erzählt auch von der „Ehrfurcht vor dem Leben" – die Worte stammen vom Arzt und Pfarrer Albert Schweitzer – er hat von einer friedlichen Welt geträumt und dafür sein ganzes Leben lang gearbeitet.

Wir haben ja alle Träume. Kinder träumen auch von vielen Dingen: von einer guten Zukunft, von einem glücklichen und erfüllten Leben – und das gilt für alle Kinder weltweit.
Dafür lohnt es sich aufzustehen! Heute und morgen und jeden Tag!

Dazu laden auch die Organisationen ein, die hinter EARTH CHOIR KIDS stehen:
Brot für die Welt, die Deutsche Bundesstiftung Umwelt, die Deutsche Chorjugend, Greenpeace, die Kindernothilfe. Macht euch doch einmal schlau, wie ihr gemeinsam mit diesen Organisationen *für Klimagerechtigkeit aufstehen* könnt.

Brot für die Welt: **www.ecklink.de/103**

Die Deutsche Bundesstiftung Umwelt: **www.ecklink.de/106**

Die Deutsche Chorjugend: **www.ecklink.de/105**

Greenpeace: **www.ecklink.de/102**

Die Kindernothilfe: **www.ecklink.de/104**

Kurzlink zum Erklärvideo: www.ecklink.de/v13

Folgende Materialien stehen zum Download bereit:

 Der Song als Notensatz (kostenpflichtig)

 Der Chorsatz mit Piano-Begleitung (kostenfrei)

 Das Playback des Liedes (kostenpflichtig)

 Ihr findet alles unter: www.ecklink.de/downloads

© KONTAKTE Musikverlag, Lippstadt

EARTH CHOIR KIDS – SONG 14: Ozean

Ozean

Text und Musik: Nicolas Gomez Teke / Martin Jungck / Marius Ley

 SONG 14

CD TRACK 14

♩ = 128 **VERS 1**

Du hast schon al - les ge-sehn hier, je-den Tag, je-de Nacht, die's gab.
Du hast so viel zu er-zähln hier, doch wir hö-ren nicht, was du sagst. Komm' dich be-su-chen im Som-mer. Du lässt uns sur-fen, se-geln und schwim-men mit dir. Wir sind so froh, dass du da bist. Doch wie's dir geht wird zu oft ig-no-riert.

PRE-CHORUS

Wir dür-fen nicht ver-ges-sen, wer du bist.

CHORUS

Du ver-bin-dest al-les, hältst die Welt zu-samm'. Fließt in je-dem Le-ben schon von An-fang an. Sieht man die Er-de aus dem All ist sie ein blau-er Ball. Bleibt die Fra-ge, wa-

EARTH CHOIR KIDS – SONG 14: Ozean

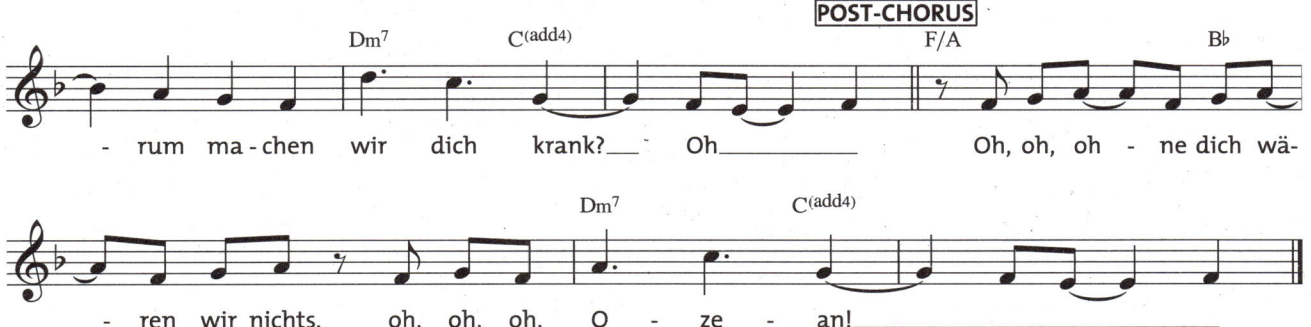

SONGTEXT

VERS 1:
Du hast schon alles gesehn hier, jeden Tag, jede Nacht, die's gab.
Du hast so viel zu erzähln hier. Doch wir hören nicht, was du sagst.
Komm' dich besuchen im Sommer.
Du lässt uns surfen, segeln und schwimmen mit dir.
Wir sind so froh, dass du da bist.
Doch wie's dir geht, wird zu oft ignoriert.

Wir dürfen nicht vergessen, wer du bist.

CHORUS:
Du verbindest alles, hältst die Welt zusamm'.
Fließt in jedem Leben schon von Anfang an.
Sieht man die Erde aus dem All, ist sie ein blauer Ball.
Bleibt die Frage, warum machen wir dich krank?

Oh, oh, ohne dich wären wir nichts, oh, oh, oh, Ozean!

VERS 2:
Schon seit Generationen beuten wir dich aus.
Und zu viele Nationen machen sich nichts draus.
Kommt, wir setzen ein Zeichen!
Lasst uns erreichen, dass alle es auch kapiern.
Denn so geht es nicht weiter, du trägst unsere Zukunft in dir.

Wir dürfen nicht vergessen, wer du bist.

CHORUS:
Du verbindest alles, hältst die Welt zusamm'.
Fließt in jedem Leben schon von Anfang an.
Sieht man die Erde aus dem All, ist sie ein blauer Ball.
Bleibt die Frage, warum machen wir dich krank?

Oh, oh, ohne dich wären wir nichts, oh, oh, oh, Ozean! (3x)

©KONTAKTE Musikverlag, Lippstadt

 **EARTH CHOIR KIDS – SONG 14: Ozean**

Chorsatz

Text und Musik: Nicolas Gomez Teke / Martin Jungck / Marius Ley
Arrangement: Tine Fris-Ronsfeld

© KONTAKTE Musikverlag, Lippstadt

EARTH CHOIR KIDS – SONG 14: Ozean

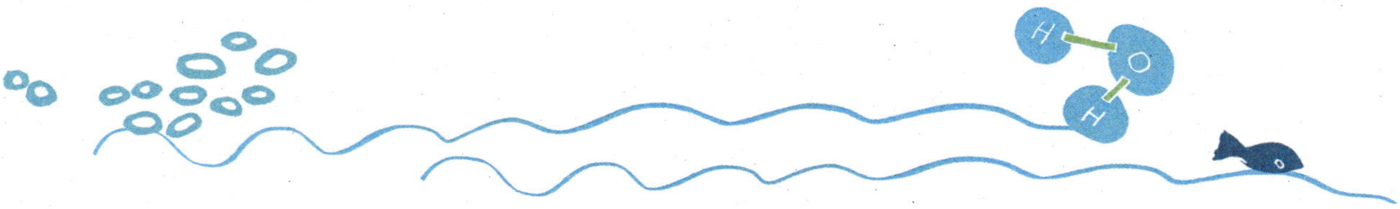

EARTH CHOIR KIDS – SONG 14: Ozean

EARTH CHOIR KIDS – SONG 14: Ozean

74
S1/M — F/A — B♭ — Dm7 — C(add4)
Bleibt die Fra - ge,__ wa - rum ma-chen wir dich__ krank?__ Oh,__

A1:
Bleibt die Fra - ge,__ wa - rum ma-chen wir dich__ krank?__ Oh,__

T/B:
Bleibt die Fra - ge,__ wa - rum ma-chen wir dich__ krank?__ Oh,__

POST-CHORUS 2

79 F/A — B♭ — Dm7 — C(add4)   (Nur beim 3. Mal)

S1/M:
oh, oh, oh - ne dich wä - ren wir nichts, oh, oh, oh, O - ze - an.__ Oh!__

A1:
oh, oh, oh - ne dich wä - ren wir nichts, oh, oh, oh, O - ze - an.__ Oh!__

T/B:
oh, oh, oh - ne dich wä - ren wir nichts, oh, oh, oh, O - ze - an.__ Oh!__

EARTH CHOIR KIDS – SONG 14: Ozean

INFO zum Song

Alles Leben kommt aus dem Wasser. Und gäbe es auf unserer Erde kein Wasser, wäre kein Leben möglich. Das sehen wir ja an unseren Nachbarplaneten Mars und Venus.

Über 70 % der Erde sind Ozeane – Atlantischer, Pazifischer, Indischer, Arktischer und Südlicher Ozean. Wir können zum Mond fliegen und uns lange auf der Raumstation im All aufhalten – aber die Ozeane, die Tiefsee, das Leben darin ist noch lange nicht vollständig erforscht.

Und: Unsere Meere ersticken in Plastik. Regelmäßig verenden Meerestiere und Vögel im Müll. Die wunderbaren Korallen sind gefährdet und täglich kämpfen Menschen mit den Begleiterscheinungen der weltweiten Müllflut.

Pro Minute wird eine Lastwagenladung Müll ins Meer gekippt – das sind 60 LKWs pro Stunde, 1.440 LKWs am Tag, 525.600 LKWs im Jahr. Es gibt bereits riesige „Müllinseln" oder „Müllstrudel" – die größte schwimmt im Pazifik und ist rund vier bis fünf mal so groß wie Deutschland – nur Müll!

Auf den Philippinen leben die Schwestern Isabel und Melati Wijsens und kämpfen gegen die Müllberge – gegen Plastiktüten, gegen Mikroplastik! *Wollt ihr mehr darüber wissen?*

 www.byebyeplasticbags.org

Und in Deutschland gibt es die Organisation „bye bye plastik" www.byebyeplastik.com

So klingen die Ozeane: www.ocean-sounds.org (Dr. Heike Vester)

Mehr über Eis und Meer erfahrt ihr vom Alfred-Wegener-Institut in Bremerhaven: www.awi.de

 Kurzlink zum Erklärvideo: www.ecklink.de/v14

Folgende Materialien stehen zum Download bereit:

 Der Song als Notensatz – in F-Dur (kostenpflichtig)
Der Song als Notensatz – in D-Dur (kostenpflichtig)

 Der Chorsatz in F-Dur mit Piano-Begleitung (kostenfrei)
Der Chorsatz in D-Dur mit Piano-Begleitung (kostenfrei)

 Das Playback des Liedes in F-Dur (kostenpflichtig)
Der Song – gesungen in D-Dur (kostenpflichtig)
Das Playback des Liedes in D-Dur (kostenpflichtig)

 Ihr findet alles unter: www.ecklink.de/downloads

© KONTAKTE Musikverlag, Lippstadt

EARTH CHOIR KIDS – SONG 15: Climate Change Song

Climate Change Song

Text und Musik: Maina Talia / I. Moutinoa / Reinhard Horn und Hans-Jürgen Netz (deutscher Text)
Lied in Zusammenarbeit mit Musiker:innen von Tuvalu

SONG 15 **CD TRACK 15**

Te fa-ka-la-ve-la-ve ko tu-pu i a so ne-i, Ko te su-i-ga o ta-vo a-so mo te tal fa-na ke, Te ta-u se po-ko-ti-a-ga la-si te na, Ne ma fu-a o na ko te fi-a po-to o te ta-ga-ta, Fa-kaa-lo-fa Tu-va-lu ta to-fi mai te A-tu-a. (Te fea te) po-tu te ta-ga-ta (Ko-a) fu-li te na-tu-la, (A-ko) te A-tu-a se ma-fai o fu-li-tu-a mai (Tu-va-lu) mo te A-tu-a (to-u) fe-ka-o-la-ta-ga (Ko-e) ko te to-fi mai te A-tu-a

Mitten in der Südsee liegt eine Insel: Tuvalu — Die schönste aller Perlen auf der Welt, ja, da sind wir geboren. Die Menschheit ist verrückt, das Klima wandelt sich seit Jahren. Der Meeresspiegel steigt und steigt bis Tuvalu im Meer versinken wird, und alles, was wir lieben, ist am Ende heimatlos. Schaut und seht die Tränen. Hört die Hilfeschreie. Tuvalu, hier stirbt ein wunderschönes Paradies. Reicht uns die Hände, lasst uns alle aufstehn. Helft uns, dass Tuvalu überlebt.

98 © KONTAKTE Musikverlag, Lippstadt

EARTH CHOIR KIDS – SONG 15: Climate Change Song

SONGTEXT (TUVALUISCH)

VERS 1:
Te fakalavelave ko tupu i aso nei,
Ko te suiga o tau o aso mo te tal fanake,
Te tau se pokotiaga lasi tena,
Ne mafua ona ko te fia poto o te tagata,
Fakaalofa Tuvalu ta tofi mai te Atua.

CHORUS:
Tefea te poto te tagata,– Koa – fuli te natula – Ako –
te Atua se mafai o fulitua mai, – Tuvalu –
mo te Atua – tou – fakaolataga – Koe –
ko te tofi mai te Atua.

VERS 2:
Mitten in der Südsee liegt eine Insel: Tuvalu.
Die schönste aller Perlen auf der Welt, ja, da sind wir geboren.
Die Menschheit ist verrückt, das Klima wandelt sich seit Jahren.
Der Meeresspiegel steigt und steigt bis Tuvalu im Meer versinken wird.
Und alles, was wir lieben, ist am Ende heimatlos.

VERS 3:
Gibt es noch ein Morgen für uns Menschen, hier auf Tuvalu?
Aus Traum und Tränen wächst ein Baum der Hoffnung.
Wird er morgen bei uns blüh'n?
Die Vögel und die Kinder singen ihre Lieder der Hoffnung,
besingen die Erde und besingen Tuvalu, das Paradies.
Wir wolln hier bleiben, denn Tuvalu ist die Insel, die wir lieben.

CHORUS:
Schaut und seht die Tränen! Hört die Hilfeschreie!
Tuvalu, hier stirbt ein wunderschönes Paradies.
Reicht uns die Hände, lasst uns alle aufstehn.
Helft uns, dass Tuvalu überlebt.

Englische Übersetzung

VERS 1:
*The phenomenon that we are facing today
is climate change and rising sea level.
Drought is a major issue caused by human activities.
My beloved Tuvalu, our heritage from God.*

CHORUS:
*Where is human intellect,
that changed nature.
But God will never turn away from us.
Tuvalu for God, our greatest salvation.*

Deutsche Übersetzung

VERS 1:
*Das Phänomen, mit dem wir heute konfrontiert sind,
ist der Klimawandel und der Anstieg der Meeresspiegel.
Dürre ist ein Hauptproblem, das durch menschliche
Aktivitäten verursacht wird.
Mein geliebtes Tuvalu, unser Erbe von Gott.*

CHORUS:
*Was ist das für eine menschliche Intelligenz,
die die Natur so verändert.
Aber Gott wird sich nie von uns abwenden.
Tuvalu für Gott, unsere größte Rettung.*

© KONTAKTE Musikverlag, Lippstadt

EARTH CHOIR KIDS – SONG 15: Climate Change Song

Chorsatz

Text und Musik: Maina Talia / I. Moutinoa / Reinhard Horn und Hans-Jürgen Netz (deutscher Text)
Lied in Zusammenarbeit mit Musiker:innen von Tuvalu
Arrangement: Maina Talia / I. Moutinoa

EARTH CHOIR KIDS – SONG 15: Climate Change Song

 **EARTH CHOIR KIDS – SONG 15:** *Climate Change Song*

EARTH CHOIR KIDS – SONG 15: Climate Change Song

 ## INFO zum Song

Tuvalu ist eine kleine Insel im Südpazifik. Rund 11.000 Menschen leben hier auf den Inseln, die zu Tuvalu gehören. Alle Inseln zusammen sind so groß wie Norderney. Damit ist Tuvalu der viertkleinste Staat der Erde.

Und Tuvalu hat ein Riesenproblem: Der Meeresspiegel steigt und da Tuvalu nur knapp über dem Meeresspiegel liegt – der höchste Punkt auf der Insel ist gerade mal zwei Meter über dem Meer – bedeutet jeder Anstieg eine immer größer werdende Bedrohung. Und der Anstieg bedroht auch die Ernährung der Menschen: Die Böden werden vom Salzwasser unbrauchbar für den Anbau von Pflanzen und das Trinkwasser wird knapp.

Vermutlich wird es so sein, dass die Menschen aus dem wunderschönen Paradies Tuvalu die ersten Klimaflüchtlinge der Erde werden und ihre Heimat verlassen müssen. „Wir wollen nicht gehen, es ist unser Land, von Gott gegeben, unsere Kultur, wir können nicht einfach gehen. Die Leute werden dieses Land erst in der allerletzten Sekunde verlassen."

 Klimawandel – eine Herausforderung für Tuvalu: www.ecklink.de/107 (PDF)

 Kurzlink zum Erklärvideo: www.ecklink.de/v15

Folgende Materialien stehen zum Download bereit:

- **Der Song als Notensatz (kostenpflichtig)**
- **Der Song als Notensatz in Originalsprache (kostenpflichtig)**

- **Der Chorsatz mit Piano-Begleitung (kostenfrei)**
- **Der Chorsatz in Originalsprache mit Piano-Begleitung (kostenfrei)**

- **Das Playback des Liedes (kostenpflichtig)**
- **Der Song in Originalsprache (kostenpflichtig)**
- **Das Playback zu dem Song in Originalsprache (kostenpflichtig)**

Ihr findet alles unter: www.ecklink.de/downloads

EARTH CHOIR KIDS – SONG 16: The green way of hope

The green way of hope

Text und Musik: Rocky Dawuni / Reinhard Horn und Hans-Jürgen Netz (deutscher Text)
Lied in Zusammenarbeit mit Musiker:innen aus Ghana

SONG 16 **CD TRACK 16**

♩ = 104

INTRO
Oh, na na na na na na na. Oh, na na na na na na na.

VERS
1. Let us lift ou-r voice for a fu-ture that serves ev-ry life on earth
Soon the ma-gic could be gone, Can't keep wai-ting for too long. Wal-king down the green way of hope.

VERS
Hört, wir sin-gen un-ser Lied für die Zu-kunft, für das Le-ben auf der Welt. Un-ser Lied klingt him-mel wärts, un ser Lied er-reicht dein Herz.
Komm mit auf den „green way of hope".

CHORUS
La la, la la la la, la la la la, yes we can! Step-ping for-ward, one by one, all to-ge-ther hand in hand. Wal-king down the green way of hope.

© KONTAKTE Musikverlag, Lippstadt

EARTH CHOIR KIDS – SONG 16: The green way of hope

SONGTEXT

VERS 1:
Let us lift our voice for a future that serves every life on earth.
Soon the magic could be gone, can't keep waiting for too long.
Walking down the green way of hope.

VERS 2:
Hört, wir singen unser Lied für die Zukunft, für das Leben auf der Welt.
Unser Lied klingt himmelwärts, unser Lied erreicht dein Herz.
Komm mit auf den green way of hope.

CHORUS:
La la, la la la la, la la la la, yes we can!
Stepping forward one by one, all together hand in hand.
Walking down the green way of hope.

VERS 3:
Schaut auf dieses grüne Band, acht mal 1.000 Kilometer quer durchs Land.
Ein Symbol des Friedens zieht, auch mit uns von Hand zu Hand.
Komm mit auf den green way of hope.

VERS 4:
So let us lift our voices for a future that serves ev'ry life on earth.
For the magic could be gone, we can't keep waiting too long.
Walking down the green way of hope.

CHORUS:
La la, la la la la, la la la la, yes we can!
Stepping forward one by one, all together hand in hand.
Walking down the green way of hope.

CHORUS 2x:
La la, la la la la, la la la la, yes we can!
La, la, la, la, la, la.
Walking down the green way of hope.

© KONTAKTE Musikverlag, Lippstadt

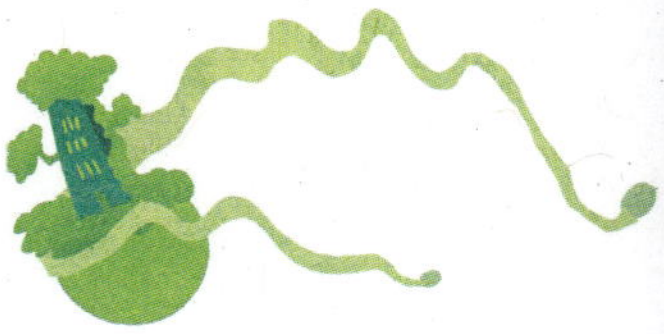

EARTH CHOIR KIDS – SONG 16: The green way of hope

Chorsatz

Text und Musik: Rocky Dawuni / Reinhard Horn und Hans-Jürgen Netz (deutscher Text)
Lied in Zusammenarbeit mit Musiker:innen aus Ghana
Arrangement: Oliver Gies

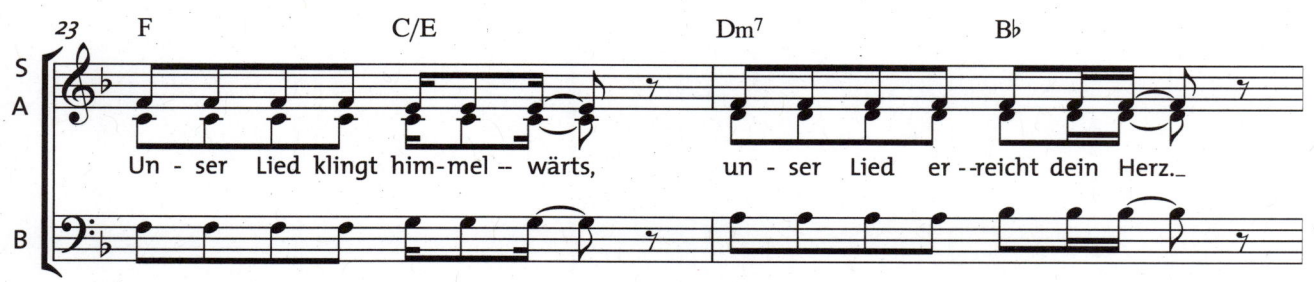

EARTH CHOIR KIDS – SONG 16: The green way of hope

 **EARTH CHOIR KIDS—SONG 16:** The green way of hope

EARTH CHOIR KIDS – SONG 16: The green way of hope

INFO zum Song

„The Great Green Wall" ist ein ehrgeiziges afrikanisches Projekt, das richtig Mut macht. 8.000 Kilometer lang werden quer durch Afrika Bäume gepflanzt und bewässert. Verwüstetes Land wird wieder fruchtbar gemacht. Die Bäume speichern CO_2 und so wird das Land wieder für Landwirtschaft nutzbar. Die Bäume bilden eine „Mauer", weil sie die Sahelwüste am südlichen Rand daran hindern, sich weiter auszubreiten.

Der „green way of hope" führt durch eine Region, die besonders stark vom Klimawandel betroffen ist: durch Dürre, Hunger, Konflikte und Migration. Bei diesem weltweit einzigartigen Pflanzprojekt geht es vor allem ums Wachsen. Mit den Bäumen der „Great Green Wall" wächst fruchtbares Land, wächst Hoffnung im Kampf gegen Armut, wächst Gesundheitsversorgung und Zugang zu Wasser, wachsen nachhaltige Arbeitsplätze. 20 afrikanische Länder sind daran beteiligt – es gibt schon einige Erfolge, aber es ist noch viel zu tun auf dem Weg zum „grünen Weltwunder".

 www.greatgreenwall.org

 Kurzlink zum Erklärvideo: www.ecklink.de/v16

Folgende Materialien stehen zum Download bereit:

- Der Song als Notensatz (kostenpflichtig)
- Der Song als Notensatz in Originalsprache (kostenpflichtig)

- Der Chorsatz mit Piano-Begleitung (kostenfrei)
- Der Chorsatz in Originalsprache mit Piano-Begleitung (kostenfrei)

- Das Playback des Liedes (kostenpflichtig)
- Der Song in Originalsprache (kostenpflichtig)
- Das Playback zu dem Song in Originalsprache (kostenpflichtig)

Ihr findet alles unter: www.ecklink.de/downloads

EARTH CHOIR KIDS – SONG 17: Pachamama — Mother Earth

Pachamama — Mother Earth

Text: Taato Gomez – Musik: Taato Gomez / Martin Salzwedel
Lied in Zusammenarbeit mit Musiker:innen aus Chile

 **SONG 17**

 **CD TRACK 17**

♩ = 80 **VERS (ENGLISCH)**

I offer today to take care ev'ry day, all your fields and your trees and protect birds and bees. Sing a song to the sea, holy water teach me to be one with your life. All is born to be alive!

CHORUS

We feel your heartbeat. Thank you for all you've given, Mother Earth. We owe our lives to you. Our voices sing for you!

We feel your heartbeat, celebrate: Pachamama, Mother Earth. May ev'ry being be now in unity with you. You're the beauty and the good!

INTERLUDE

Pachamama, Mother Earth.

EARTH CHOIR KIDS – SONG 17: Pachamama — Mother Earth

 **SONGTEXT**

VERS 1: I offer today to take care every day, all your fields and your trees
and protect birds and bees. Sing a song to the sea,
holy water teach me to be one with your life. All is born to be alive.

CHORUS: We feel your heartbeat. Thank you for all you've given, Mother Earth!
We owe our lives to you. Our voices sing for you!
We feel your heartbeat, celebrate Pachamama – Mother Earth.
May ev'ry being be now in unity with you. You're the beauty and the good.
Pachamama – Mother Earth

VERS 2: Endlich erwacht, ich erkenn deine Pracht.
Fühl den Wind im Gesicht, trink dein Wasser, seh dein Licht.
Hör die Wale im Meer, lieb die Berge so sehr,
spür den Klang tief in mir: Mutter Erde, ich danke dir!

CHORUS: We feel your heartbeat. Thank you for all you've given, Mother Earth!
We owe our lives to you. Our voices sing for you!
We feel your heartbeat, celebrate Pachamama – Mother Earth.
May ev'ry being be now in unity with you. You're the beauty and the good.
Pachamama – Mother Earth

VERS 3: Ted oy gracias y mas Pachamama tu das
lo mejor de tu ser y me das de beber.
Es tu aire al cantar el que me hace vibrar para
ti es mi canción, llévame en tu corazòn.

CHORUS: We feel your heartbeat. Thank you for all you've given, Mother Earth!
We owe our lives to you. Our voices sing for you!
We feel your heartbeat, celebrate Pachamama – Mother Earth.
May ev'ry being be now in unity with you. You're the beauty and the good.

 **Chorsatz**

Text: Taato Gomez – Musik: Taato Gomez / Martin Salzwedel
Lied in Zusammenarbeit mit Musiker:innen aus Chile
Arrangement: Oliver Gies

© KONTAKTE Musikverlag, Lippstadt

EARTH CHOIR KIDS – SONG 17: Pachamama — Mother Earth

EARTH CHOIR KIDS – SONG 17: Pachamama — Mother Earth

EARTH CHOIR KIDS – SONG 17: Pachamama — Mother Earth

EARTH CHOIR KIDS – SONG 17: Pachamama — Mother Earth

INFO zum Song

Pachamama – so nennen die indigenen Völkern der Anden (das sind Bolivien, Peru, Ecuador, Chile und Nordargentinien) ihre „Mutter Erde". Sie steht für die Natur und für die Schöpfung.

Und das Lied erzählt von der Schönheit der „Mutter Erde":
von den Feldern und Bäumen, von den Vögeln und Bienen, von den Meeren!

Wenn wir den „Herzschlag von Pachamama" fühlen, sind wir eins mit der Erde und verstehen den Zusammenhang allen Lebens. Doch davon haben wir uns weit entfernt. Wir leben auf der Erde, ohne zu verstehen, wie alles zusammenhängt.

Hören wir wieder auf den Herzschlag von Pachamama!

Kurzlink zum Erklärvideo: www.ecklink.de/v17

Folgende Materialien stehen zum Download bereit:

- Der Song als Notensatz (kostenpflichtig)
- Der Chorsatz mit Piano-Begleitung (kostenfrei)
- Das Playback des Liedes (kostenpflichtig)
- **Ihr findet alles unter: www.ecklink.de/downloads**

© KONTAKTE Musikverlag, Lippstadt

# EARTH CHOIR KIDS – SONG 18: I am light

I am light

Text und Musik: India Arie Simpson

SONG 18
CD TRACK 18

(p) KONTAKTE Musikverlag, Lippstadt

EARTH CHOIR KIDS – SONG 18: I am light

 **SONGTEXT**

CHORUS:
I am light, I am light.

VERS 1:
I am not the things my family did.
I am not the voices in my head.
I am not the pieces of the brokenness inside.
I am light. I am light.

CHORUS:
I am light, I am light.

VERS 2:
I am not the mistakes that I have made.
Or any of the things, that caused me pain.
I am not the pieces of the dream I left behind.

CHORUS:
I am light, I am light.

VERS 3:
I am not the color of my eyes.
I am not the skin on the outside.
I am not my age, I am not my race, my soul inside.

CHORUS:
It's all light.
I am light, I am light.

VERS 4:
I am divinity defined.
I am the God on the inside.
I am a star, a piece of it all.

CHORUS:
I am light, I am light.

FINE CHORUS:
I am light. It's all light.
I am light. It's all light.

OUTRO:
I am a star, a piece of it all.
I – I am light!

© 2013 Guitar Girl Music Publishing / Soulbird Songs LLC
All Rights Adminstered by Kobalt Music Publishing Worldwide Ltd.
All Rights Reserved. Used by permission of Hal Leonard Europe Limited

EARTH CHOIR KIDS – SONG 18: I am light

Chorsatz

Text und Musik: India Arie Simpson
Arrangement: Tine Fris-Ronsfeld

EARTH CHOIR KIDS – SONG 18: I am light

EARTH CHOIR KIDS – SONG 18: I am light

VERS 3 (m. 41)

S/A/T: co-lor of my eyes. I am not the skin on the out-side. I am not my

(m. 43) age, I am not my race, my soul in-side is all light.

CHORUS 4 (m. 45)

S: I am light, I am light. I am light, I am light.
A/T: I am light, I am light. It's all light. I am light, I am light. It's all light.

(m. 49)

S: I am light, I am light. I am light. I am light.
A/T: I am light, I am light. I am light, I am light. I am light, I am light.

VERS 4 (m. 52)

S: I am di-vi-ni-ty de-fined. I am a star,
A/T: I am the God on the in-side. I am a star,

EARTH CHOIR KIDS – SONG 18: I am light

EARTH CHOIR KIDS – SONG 18: I am light

 INFO zum Song

I am light – ich bin Licht.
Licht brauchen wir, um es hell zu machen, um uns orientieren zu können,
um es warm zu haben. Und ich bin vielmehr als nur einzelne Dinge, die ich erlebe,
die ich tue, die mich ausmachen: Ich bin mehr als meine Hautfarbe oder
die Farbe meiner Augen oder die Fehler, die ich mache.

India Arie Simpson, die dieses Lied geschrieben hat, erzählt uns:
*Wir sind göttliche Wesen, wir sind geliebt und wir sind STERNE,
die leuchten – für uns und andere.*

Und was hat das jetzt mit dem Thema KLIMA zu tun? Wenn wir wissen, dass wir göttliche
Wesen sind, dass wir STERNE sind, dass wir LICHT sind, dann können wir uns engagieren
für eine Welt, die gegen das Dunkel und gegen die Angst die Liebe und das Licht stellt.

Und so können wir – auch wenn es Rückschläge gibt auf dem Weg zu einer
klimagerechten Welt – uns immer wieder gegenseitig Mut machen:

Wir sind Licht, wir sind Sterne, wir leuchten für eine bessere Welt.

 Das Video zum Song: www.ecklink.de/108

 Kurzlink zum Erklärvideo: www.ecklink.de/v18

Folgende Materialien stehen zum Download bereit:

 Der Song als Notensatz (kostenpflichtig)

 Der Chorsatz mit Piano-Begleitung (kostenfrei)
Der Chorsatz (8-stimmig) mit Piano-Begleitung (kostenfrei)

 Das Playback des Liedes (kostenpflichtig)

 Ihr findet alles unter: www.ecklink.de/downloads

(p) KONTAKTE Musikverlag, Lippstadt – mit freundlicher Genehmigung von Hal Leonhard Europe Limited

Projektideen

zusammengestellt von Johannes Küstner, Brot für die Welt

Lernen mit den Klima-Songs

Die Songs von EARTH CHOIR KIDS bringen die Stimmen für das Klima auf die Bühne. Sie behandeln verschiedene Themen rund um den Schutz des Klimas und eine gerechte Gestaltung der Welt. Es lohnt sich die Inhalte der Songs im Chor zu reflektieren. Dafür haben wir hier Ideen zusammengestellt. Wir konzentrieren uns dabei auf Anregungen, die direkt bei Chorproben umsetzbar sind. Es gibt methodische Anregungen für die gesamte Gruppe. Und es gibt Lernaktivitäten, die von den Chorsänger:innen eigenständig umgesetzt werden können, beispielsweise während eine andere Stimme probt.

Zu jedem der Songs gibt es ein kurzes Erklärvideo. Die Erklärvideos fassen die Themen der einzelnen Songs zusammen und bieten Hilfen zum Verstehen.

 Die Kurzlinks zu den Erklärvideos findet ihr unter dem jeweiligen Lied.

© KONTAKTE Musikverlag, Lippstadt

 **EARTH CHOIR KIDS** – *Projektideen*

SONG 1: EARTH CHOIR KIDS

 ### Reflexionsfragen zum Lied:

- Was finden wir auf der Erde besonders schön und bewahrenswert?
- Warum kann Musik Menschen weltweit verbinden?
- Warum sind die Stimmen von Kindern und Jugendlichen so wichtig?
- Wo werden sie schon gehört? Und wo noch zu wenig?

 ### Wahrnehmungsübung:

„Der Planet lebt von Klang". Die Sänger:innen gehen ganz leise umher und versuchen Geräusche der Natur zu hören. Besonders viele Naturgeräusche können draußen in der Natur gehört werden. Doch auch in einem Raum mit geöffneten Fenstern kann die Übung durchgeführt werden. Nun tauscht sich die Gruppe kurz über das Gehörte aus: Was habt ihr gehört? Waren Geräusche der Natur dabei? Wurden sie von anderen Geräuschen überlagert? Was würdet ihr gern mehr hören?

Sucht euch nun ein Geräusch aus. Fangt an, einen Ton in euch zu hören, der dem Geräusch am nächsten kommt. Hört es zuerst in euch und fangt dann an, es leise zu summen. Hört auf den Gruppenklang. Wie passt dein Ton zu dem der anderen? Versucht mit den anderen Stimmen in einen harmonischen Klang zu finden und euer Klangerlebnis zu genießen, so wie ihr die Töne in der Natur genießt.

 ### Digitales Lernspiel:

Mit dem Actionbound „#klimachallengeaccepted" (siehe „Weltkarte: Gemeinsam für Klimagerechtigkeit") können die Sänger:innen mit ihrem Smartphone eigenständig Anregungen für Jugendengagement kennenlernen. Die Sänger:innen können sich damit z. B. im Nebenraum beschäftigen, wenn für 15 Minuten mit nur einer Stimme geprobt wird.

 Kurzlink zum Actionbound: **www.ecklink.de/109**

© KONTAKTE Musikverlag, Lippstadt

EARTH CHOIR KIDS – Projektideen

SONG 2: No Planet B

Reflexionsfragen zum Lied:

- Die europäischen Länder haben ihr Wirtschaftswachstum während der Industrialisierung durch die Ausbeutung von kolonialisierten Ländern ermöglicht. Warum geht das künftig nicht mehr?

- Die Menschen verhalten sich so, als gäbe es noch einen Planeten B, C und D. Welche Folgen hat das bereits?

- Wie würdet ihr einem Außerirdischen erklären, weshalb die Menschen so unachtsam mit ihrem Planeten umgehen?

- Sollten wir darauf hoffen, bald andere Planeten zu besiedeln?

Phantasiereise ins Weltall:

Mach es dir ganz bequem. So, dass du für einige Minuten entspannt sitzen oder liegen kannst. Wenn du möchtest, schließe die Augen. Ich lade dich ein auf eine Reise ins Weltall.
Du hast einen Raumanzug an. Am Handgelenk ist ein Bedienfeld. Du drückst auf Start und hebst plötzlich von der Erde ab. Du steigst höher und höher. Du kannst schon keine Häuser mehr erkennen. Du erkennst Landschaften deiner Region. Dein Blickfeld wird immer weiter. Jetzt kannst du schon die Umrisse von Europa erkennen. Du fliegst noch weiter von der Erde weg. Jetzt kannst du die Erde schon ganz erkennen: ein großer, blauer Ball mit grünen und braunen Landflächen. Und ich weiß nicht, ob du Lust hast dir die Nachbarplaneten der Erde anzuschauen: die Venus und den Mars. Mit deinem Raumanzug kannst du unglaublich schnell durch den Weltraum fliegen. Zuerst fliegst du zur Venus. Der Planet ist ähnlich groß wie die Erde. Die Oberfläche schimmert grau. Sehr einladend sieht das nicht aus. Du fliegst langsam in Richtung Oberfläche. Du fliegst durch eine Wolkendecke. Unter der Wolkendecke wird es schnell immer wärmer. Obwohl dein Raumanzug dich schützt, fängst du an zu schwitzen. Es ist trüb. Du kannst nicht sehr weit schauen. Außerdem spürst du einen enormen Druck wie beim Tauchen im tiefen Wasser. Du weißt, dass du ohne Raumanzug hier nicht überleben könntest. Als du überlegst, ob du hier trotzdem landen willst, ertönt in deinem Anzug ein Alarmton. Die Außentemperatur beträgt schon über 450 Grad. Du willst nichts riskieren und fliegst schnell wieder nach oben. Du schaust noch einmal auf die Venus zurück. Also wenn es hier irgendwann einmal Lebewesen gab, dann hat der Klimawandel ihnen nicht gut getan. Du fliegst einen Bogen um die Erde zum Mars. Der Mars ist nur etwa halb so groß wie die Erde. Er schimmert rostrot. Du fliegst näher und erkennst eine riesige Steinwüste mit gewaltigen Bergen und Kratern. Dein Raumanzug zeigt eine Temperatur von 20 Grad an. Das klingt doch ganz angenehm. Den Raumanzug behältst du trotzdem an. Wegen des niedrigen Drucks würde das Wasser in deinem Körper verdampfen. Du wärst sofort bewusstlos. Außerdem gibt es keinen Sauerstoff. Trotzdem erscheint dir der Mars nicht ganz so lebensfeindlich wie die Venus. Ein bisschen sieht es aus wie in einer roten Wüste auf der Erde. Du landest auf einem Berg und bewunderst die beeindruckende Landschaft. Am Horizont siehst du eine gewaltige rote Wolkenwand auf dich zukommen. Jetzt hörst du ein lauter werdendes Rauschen. Das ist Sand. Da willst du nicht hineingeraten. Du fliegst auf die andere Seite des Mars. Hier ist es dunkel und du merkst, dass es sofort deutlich kühler ist. Dein Raumanzug zeigt minus 80 Grad an. Du spürst den starken Wunsch wieder auf der Erde zu sein. Du verabschiedest dich vom Mars und fliegst zurück. Als du unseren blauen Planeten wieder in seiner ganzen Schönheit vor dir siehst, wird dir warm ums Herz. Dir wird bewusst, wie wunderbar und einzigartig unsere Erde ist. Nur sie ermöglicht Leben in Fülle auf ihrer Oberfläche. Du umrundest die Erde noch einmal

© KONTAKTE Musikverlag, Lippstadt

EARTH CHOIR KIDS – Projektideen

langsam und bestaunst die grünen Wälder und die blauen Meere. Doch was siehst du da in Südamerika? Im Amzonas steigen dunkle Rauchwolken auf. Der Regenwald, der uns Luft zum Atmen schafft, brennt. Im Pazifik entdeckst du einen großen Kreis, der nicht blau ist. Er glitzert komisch und sieht irgendwie dreckig aus. Du fliegst näher und erkennst einen Plastik-Müllstrudel. Er ist unfassbar groß! Wie können wir nur so dumm sein, unseren einzigartigen und wertvollen Planeten so schlecht zu behandeln? Wir sollten ihn beschützen und alle friedlich und gerecht gemeinsam darauf leben. Du machst dich auf den Weg zurück nach Hause. Nach dieser Reise bist du dir ganz sicher: Wir müssen aufhören diesen wundervollen Planeten zu zerstören, Ressourcen zu verschwenden und Kriege zu führen. Denn es gibt keinen Planeten B.

Eine Weile noch staunst du über die Schönheit des blauen Planeten. Dann öffnest du allmählich die Augen, reckst und streckst dich ein wenig und kommst wieder zurück in den Raum von dem aus du deine Phantasiereise gestartet hast.

Fußabdruck-Test:

In einer Pause oder auch als Vorbereitung zuhause können die Sänger:innen ihren persönlichen, ökologischen Fußabdruck testen. Wie viele Planeten wie die Erde bräuchten sie, wenn alle Menschen so leben würden? Die Ergebnisse und die Tipps der Seite können als Ausgangspunkt für eine gemeinsame Reflexion genutzt werden. Dabei sollte deutlich werden, dass es viele Möglichkeiten gibt, den Fußabdruck zu verkleinern und dass persönliches Engagement (z.B. Fahrradfahren) und Engagement für gesellschaftliche Veränderung (z.B. Fahrradwege) zusammengehören.

www.fussabdruck.de

SONG 3: Mutter Erde — blauer Planet

Reflexionsfragen zum Lied:

- Worüber staunen wir in der Natur?
- Braucht uns die Erde wirklich oder ist es nicht genau andersherum?
- Wie können wir achtsamer werden und der Natur und den Mitmenschen weniger schaden?

Gesangsübung für Achtsamkeit:

Achtsamkeit kann auch beim Singen eingeübt werden: Beim Singen wird abwechselnd eine Stimme weggelassen. Alle hören genau hin, was fehlt und an welchen Stellen es besonders auffällt. Oder die Stimmen werden vertauscht gesungen. So lernen die Sänger:innen die anderen Stimmen kennen und achten genau darauf, welche Schwierigkeiten und Besonderheiten es in der Nachbarstimme gibt.

Die Schönheit der Erde malen:

Die im Lied aufgezählten Schönheiten der Erde können gemalt werden. Vielleicht haben Sänger:innen Lust zuhause Bilder und Plakate dazu zu malen, die dann im Proberaum und beim Konzert aufgehängt werden können.

EARTH CHOIR KIDS – Projektideen

SONG 4: Dje – die Tiere Afrikas

 Reflexionsfragen zum Lied:

- Wisst ihr von Tieren, die ausgestorben sind oder vom Aussterben bedroht sind?

- Ist das Artensterben auch für uns Menschen gefährlich?
  (Ein Aussterben der Bienen wäre zum Beispiel katastrophal für uns.)

- Wie kommt es wohl, dass Haustiere so viel Achtsamkeit von Menschen bekommen, Nutztiere und Wildtiere aber nicht?

 Bewegungsspiel:

Mit einem Bewegungsspiel kann das Artensterben erlebt werden. Dabei können Einflüsse des Menschen auf Ökosysteme und die Wechselbeziehungen in Ökosystemen vereinfacht dargestellt werden: Zunächst werden den Sänger:innen verschiedene Rollen zugeteilt. Es gibt Menschen, Pflanzen, Insekten und Vögel. Alle bekommen ein Rollenkärtchen, das sie sichtbar hochhalten. Damit laufen sie im Raum umher. Während des Spiels können manchmal Sänger:innen gefangen werden. Manchmal müssen sie auch einfach so das Spielfeld verlassen. Die Gefangenen oder Ausgeschiedenen stellen sich an den Rand.

→ Alle laufen im Raum umher. Die Menschen entscheiden sich Äcker und Plantagen mit Giften zu spritzen. Damit sollen Unkraut und bestimmte Insekten getötet werden. Die Menschen fangen insgesamt eine Pflanze und zwei Insekten. Die Gefangenen stellen sich an den Rand und laufen nicht mehr mit. Durch die Gifte sind auch viele Bienen gestorben. Sie können nun nicht mehr so viele Pflanzen bestäuben. Eine Pflanze muss an den Rand gehen (Spielleitung bestimmt eine „Pflanze"). Weil es weniger Insekten gibt, finden die Vögel nicht mehr genug Nahrung. Zwei Vogelarten sterben aus und müssen an den Rand (Spielleitung bestimmt zwei „Vögel").

→ Die Menschen roden nun Wälder, um dort Viehfutter anzubauen. Sie fangen eine Pflanze. Dabei geht Lebensraum für Vögel verloren. Die Menschen fangen auch einen Vogel.

→ Ein neuer Baum wächst (Spielleitung bestimmt eine „Pflanze", die wieder auf das Spielfeld darf). Der Baum ist Lebensraum für viele Insekten. Der Baum darf ein Insekt wieder ins Spiel holen. Durch die Insekten haben wieder mehr Vögel Nahrung. Das Insekt darf einen Vogel wieder ins Spiel holen.

→ Nun verpesten die Menschen die Luft und fast alle Insekten sterben. Die Menschen fangen alle Insekten bis auf eines. Nun haben die Vögel kein Futter mehr. Alle Vögel sterben und müssen an den Rand. Insekten können keine Pflanzen mehr bestäuben, Vögel verteilen keine Baumsamen mehr. Fast alle Pflanzen sterben. Alle Pflanzen bis auf eine müssen an den Rand. Ohne Pflanzen verhungern die Menschen. Alle Menschen müssen an den Rand. Übrig bleibt nur ein Käfer und eine „Pflanze."

Das Spiel macht deutlich, dass es in Ökosystemen viele Zusammenhänge und Kettenreaktionen gibt. Ohne gesunde Ökosysteme kann der Mensch nicht überleben.

 Rechercheaufgabe:

Informiert euch bei der International Union for Conservation and Natural Resources (ICUN) über die rote Liste der aussterbenden Arten. **www.iucnredlist.org**

© KONTAKTE Musikverlag, Lippstadt

 **EARTH CHOIR KIDS** – *Projektideen*

SONG 5: Earth-Overshoot-Day (Du Erde, ausgezehrt)

 ### Reflexionsfragen zum Lied:

- Was ist der „Earth-Overshoot-Day"?
- Was bedeutet es, dass wir nach dem Earth-Overshoot-Day bei der Natur auf Pump leben?
- Was sagt das Datum des Erdüberlastungstages über den notwendigen Wandel aus? Werden wir mit kleinen Veränderungen einen nachhaltigen Fußabdruck erreichen?
- Kann man Deutschland als Entwicklungsland bezeichnen? Erläutere deine Antwort deinen Mitsänger:innen.
- Wer kennt seinen eigenen ökologischen Fußabdruck?

 ### Gesangsexperiment:
Singt das Lied einmal durchgängig in Forte-Fortissimo (wie maximaler Ressourcenverbrauch). Nach einer Pause singt das Lied noch einmal in maßvoller Dynamik. Es können Passagen in Forte dabei sein. Die Dynamik soll aber auch Piano, Mezzo Piano und Mezzo Forte umfassen. Welche Version klingt besser? Welche Version ist angenehmer zu singen?

 ### Digitales Lernspiel:
Mit dem Actionbound „Schwarzes Gold im Regenwald" (siehe „Weltkarte: Gemeinsam für Klimagerechtigkeit") können die Sänger:innen mit ihrem Smartphone eigenständig lernen, welche Gefahren die Erdölförderung im ecuadorianischen Regenwald für Mensch und Umwelt verursacht und wie Widerstand und Schutz möglich sind. Die Sänger:innen können sich damit z. B. im Nebenraum beschäftigen, wenn für 15 Minuten mit nur einer Stimme geprobt wird.

 Kurzlink zum Actionbound: **www.ecklink.de/110**

 ### Rechercheaufgaben:

 Informiert euch beim Global Footprint Network über den Earth-Overshoot-Day: **www.ecklink.de/111**

 Findet heraus mit welchen gesellschaftlichen Veränderungen der Erdüberlastungstag deutlich nach hinten verschoben werden kann: **www.ecklink.de/112**

EARTH CHOIR KIDS – Projektideen

SONG 6: Alles hängt mit allem zusammen

 Reflexionsfragen zum Lied:

- Welche Zusammenhänge auf der Welt sind euch bekannt? (in der Natur, in der Weltwirtschaft)
- Gibt es durch Reisen und Internet mehr Zusammenhänge als früher?
- Nehmen wir globale Zusammenhänge im Alltag wahr? Wenn ja, welche?
- Gibt es Zusammenhänge in der globalisierten Welt, die zu Klimagerechtigkeit beitragen können? (Globalisierung der Solidarität)

Zusammenhängen singen:
Zur Einstimmung können Akkorde aus dem Lied so gesungen werden, dass die Stimmen nacheinander einsetzen und der Akkord sich schrittweise aufbaut. So werden die Zusammenhänge der Töne / Stimmen hörbar.

 Zusammenhänge werfen:
Sänger:innen werfen sich nacheinander und stimmgruppenübergreifend ein Wollknäuel zu, behalten ein Stück des Fadens in der Hand und werfen das Knäuel dann der/dem nächsten Sänger:in zu. Zum Schluss sind alle miteinander verbunden.

 Zusammenhänge knoten:
Zusammenhänge beim Thema Klimagerechtigkeit können auf einer Collage veranschaulicht werden, indem verschiedene Abbildungen z.B. mit Fäden verbunden werden. So wird sichtbar, wie letztlich fast alles mit allem zusammenhängt. Vielleicht haben Sänger:innen Lust, zuhause eine Collage dazu zu gestalten, die dann im Proberaum und beim Konzert aufgehängt werden kann.

SONG 7: Jeder Teil dieser Erde

 Reflexionsfragen zum Lied:

- Was bedeutet „heilig"?
- Was bedeutet diese Wertschätzung von „jedem Teil dieser Erde" für den Umgang mit der Natur und mit anderen Menschen?
- Gibt es Dinge in der Natur, die einen Preis haben sollten, vielleicht sogar einen hohen Preis?
- Welche Gemeingüter sollten allen frei zugänglich sein? Und welche müssen vor Ausbeutung geschützt werden?
- Welche Stimmung verbindet ihr mit dem Thema des Liedes?

© KONTAKTE Musikverlag, Lippstadt

EARTH CHOIR KIDS – Projektideen

Gesangsexperiment:
Die Sänger:innen laufen bunt durchmischt durch den Raum und singen ihre jeweilige Stimme. Sie konzentrieren sich ganz auf ihre eigene Stimme, ohne dabei auf die anderen Stimmen zu achten. Nach und nach finden sich alle auf ihrem Platz in der Choraufstellung ein und achten auch auf die anderen Sänger:innen. Nun klingen die Stimmen gut als Ganzes zusammen. Gleichzeitig können die Sänger:innen sich nun gut einander in der eigenen Stimme hören.

Digitales Lernspiel:
Mit dem Actionbound „Der Regenwald auf unserem Teller" (siehe „Weltkarte: Gemeinsam für Klimagerechtigkeit") können die Sänger:innen mit ihrem Smartphone eigenständig lernen wie die industrielle Landwirtschaft den Regenwald in Paraguay zerstört und was wir dagegen tun können. Die Sänger:innen können sich damit z. B. im Nebenraum beschäftigen, wenn für 15 Minuten mit nur einer Stimme geprobt wird.

Kurzlink zum Actionbound: **www.ecklink.de/113**

Zu Häuptling Seattle: **www.ecklink.de/114**
Die „Rede des Häuptlings" gesprochen von Thomas D.: **www.ecklink.de/115**

SONG 8: What a wonderful world

Reflexionsfragen zum Lied:

- Warum besingt Louis Armstrong 1967 trotz Hunger, Krieg und Diskriminierung eine „wunderbare Welt"?

- Was findet ihr in dieser Welt wunderbar? Was bestaunt ihr? Wofür seid ihr dankbar?

- Was gibt euch Hoffnung euch für die wunderbare Welt zu engagieren?

A wonderful world beschreiben oder malen:
Während das Lied abgespielt wird oder andere Stimmen proben, schreiben oder malen die Sänger:innen ihre Gedanken auf, wie eine wunderbare Welt aussieht, wie sie entstehen kann und wie wir uns dafür engagieren können.

Hebel für den Wandel finden:
In einer Pause oder als Vorbereitung zuhause können die Sänger:innen mit dem Handabdruck-Test Anregungen für strukturveränderndes Engagement bekommen. Über die Anregungen können sich die Sänger:innen austauschen. Gibt es gemeinsame Themen? Gibt es Engagement-Ideen, die Chormitglieder gemeinsam umsetzen können? **www.handabdruck.eu**

Bei der 1967 aufgenommenen Single spricht Louis Armstrong ein Intro, in dem er reflektiert, warum er trotz Leid und Unrecht über eine wunderbare Welt singt: **www.ecklink.de/116**

EARTH CHOIR KIDS – Projektideen

SONG 9: Im Namen der Kinder

 Reflexionsfragen zum Lied:

- Wofür wollt ihr aufstehen?
- Wer muss diesen Aufruf hören?
- Warum sind die Interessen der jungen Generation in der Politik so schwach vertreten?

 Brainstorming:
Was kann in dem Lied noch alles eingesetzt werden bei „Im Namen der ..." und bei „Hört gut zu, ihr ..."? Schreibt daraus eine weitere Strophe fürs Lied.

 Bewegungen zum Lied:
Denkt euch Bewegungen zu den Liedzeilen aus und entwickelt eine Choreografie für das Lied.

 Musikvideo zum Lied: **www.ecklink.de/117**

SONG 10: Wir sind kleine Helden

 Reflexionsfragen zum Lied:

- Wer ist für euch ein:e Klimaheld:in?
- Wann seid ihr Held:innen für andere?
- Wo habt ihr schon einmal gespürt, dass ihr gemeinsam mit anderen stark für Gerechtigkeit wart?

 Held:innen spielen:
Die Kinder erleben sich im Spiel als Held:innen. Bei einer gemeinsamen Herausforderung können sie miteinander Stärke, Mut und Verstand beweisen. Entsprechend sollten die Herausforderungen verschiedene Fähigkeiten ansprechen. Eine körperliche Herausforderung könnte sein, dass alle von A nach B kommen müssen, aber ein Drittel der Gruppe den Boden nicht berühren darf. Kognitive Herausforderungen können kleine Rätsel oder Quizfragen zu Klimagerechtigkeit sein (Nennt ein Treibhausgas! Nennt ein Fahrzeug, dass schlecht für das Klima ist! Nennt eine Aktion für Klimaschutz!). Die Herausforderungen sollten so gestaltet sein, dass die Kinder sie bewältigen und gemeinsam ihren Erfolg feiern können.

 Held:innen malen:
Die Kinder malen ihre realen oder imaginierten Klima-Held:innen auf und erklären, was sie zu Held:innen macht.

 Buch-Tipps:
Hanna Schott, Volker Konrad (2020): Klimahelden – Von Goldsammeln und Meeresputzern. Neufeld Verlag

 Das Lied stammt aus dem Klima-Musical „Eisbär, Dr. Ping und die Freunde der Erde". Das Buch ist erschienen im KONTAKTE Musikverlag, Lippstadt – **www.kontakte-musikverlag.de/onlineshop**

 **EARTH CHOIR KIDS** – *Projektideen*

SONG 11: We have to melt the ice in the heart of man

 ### Reflexionsfragen zum Lied:

- In welcher Hinsicht haben Menschen beim Klimawandel „Eis im Herzen", das geschmolzen werden muss?
- Welche Bedeutung haben Emotionen als Motivation für klimagerechtes Handeln?
- Warum kann Musik dabei helfen?
- Welche Emotionen soll das Lied transportieren, um „Eis im Herzen" zu schmelzen?

 ### Herz-Erwärmung finden:
Alle überlegen sich, welches Lied, Gedicht, Buch oder welcher Film ihr Herz erwärmt hat und andere Herzen erwärmen könnte. Darüber kann die Gruppe sich austauschen.

 ### Digitales Lernspiel:
Wie in Grönland schmilzt auch das Eis am Südpol. Mit dem Actionbound „Heiß und kalt" (siehe „Weltkarte: Gemeinsam für Klimagerechtigkeit") können die Sänger:innen mit ihrem Smartphone eigenständig grundlegende Fakten zum Klimawandel anhand von Beobachtungen in der Antarktis lernen. Die Sänger:innen können sich damit z. B. im Nebenraum beschäftigen, wenn für 15 Minuten mit nur einer Stimme geprobt wird.

 Kurzlink zum Actionbound: **www.ecklink.de/118**

 Website des Inuit-Schamanen Angaangaq: **www.icewisdom.com/de**

 ### Buch-Tipp:
Sarah Foster, The New Dreaming:
Messages from Our Elders and Knowledge Keepers Around the World

SONG 12: Over the rainbow

 ### Reflexionsfragen zum Lied:

- Was bedeutet der Regenbogen als Symbol?
- Welche Stimmung und welche Gefühle löst das Lied aus?
- Wann geben Träume Hoffnung und wann sind sie Realitätsflucht?

 ### Gesangsübung:
Zu diesem Lied passt hoffnungsvolles Summen gut. Summt alle ohne Druck ein stimmvolles „m". Beginnt ganz leise und verändert eure Lautstärke dabei. Achtet auf die anderen Chorsänger:innen und versucht in einem Klang zu bleiben und gemeinsam mal lauter und dann wieder leiser zu werden.

EARTH CHOIR KIDS – Projektideen

Mind Maps gestalten:
Mehrere Poster liegen aus mit Stichworten wie „Klimawandel", „Klimagerechtigkeit", „Engagement", „Träume" o. Ä. Während das Lied gehört wird, schreiben die Sänger:innen in Kleingruppen in einer stillen Diskussion auf, was ihnen zu den Worten und den Einfällen der anderen in den Sinn kommt. Dabei wird der Bezug zwischen einem selbstgeschriebenen Diskussionsbeitrag und einem anderen Beitrag mit einem Pfeil gekennzeichnet.

SONG 13: Dafür stehn wir auf!

Reflexionsfragen zum Lied:

- Wovon träumt ihr?
- Was wisst ihr über Kinder, die in Armut und Krieg leben?
- Was bedeutet „Ehrfurcht vor dem Leben"?
- Wofür steht ihr auf? Was ist euch wichtig?
- Welche eurer Träume sind schon wahr geworden?
- Was würdet ihr anderen Kindern und Jugendlichen wünschen?

Aufstehspiel:
Bei diesem Bewegungsspiel nehmen die Sänger:innen wahr, wofür mensch alles aufstehen kann. Die Spielleitung nennt Anliegen. Alle, die dafür aufstehen wollen, stehen auf und strecken beide Arme weit in den Himmel. Wenn die Sänger:innen das Lied schon kennen, kann dabei auch der Refrain gesungen werden. Es können einige Anliegen aufgenommen werden, die nicht unbedingt allen wichtig sind. Dann stehen nicht jedes Mal alle auf und es gibt eine Anregung wirklich zu überlegen, ob man aufstehen will. Es ist aber gut, wenn bei vielen Anliegen die meisten aufstehen. So wird sichtbar, dass es viele Träume gibt, für die es sich lohnt aufzustehen.

Anliegen könnten sein:

Frieden
Gesunde Nahrung für alle
Marmelade für alle
Gute Bildung
Kinderrechte   :)

Tierschutz
nur noch Ferien
mehr Fahrradwege
echter Klimaschutz

 **EARTH CHOIR KIDS** – *Projektideen*

SONG 14: Ozean

 Reflexionsfragen zum Lied:

- Welche schönen Erinnerungen habt ihr ans Meer?
- Habt ihr schon einmal Verschmutzung im Meer gesehen?
- Wie machen wir die Ozeane krank? (Überfischung, Versauerung durch CO_2, Erwärmung, Vermüllung, Meeresboden-Bergbau)

 Plastik-Quiz:

1. Das bisher hergestellte Plastik würde reichen, die Welt ...

    A ... einmal mit Folie einzuwickeln.
    B ... dreimal mit Folie einzuwickeln.
    C ... sechsmal mit Folie einzuwickeln.

2. Wie lange dauert es, bis eine weggeworfene Plastikflasche verrottet ist?

    A 100 Jahre
    B 200 Jahre
    C 450 Jahre

3. In welchem Ozean treibt der größte Plastikteppich der Welt?

    A Im Pazifik
    B Im Atlantik
    C Im Mittelmeer

4. In welchem Land herrscht Plastiktütenverbot?

    A Ruanda
    B Brasilien
    C Indien

5. Aus welchem Gemüse lässt sich Bio-Plastik herstellen?

    A aus Paprika und Tomaten
    B aus Blumenkohl und Spargel
    C aus Mais und Kartoffeln

(richtige Antworten: 1c, 2c, 3a, 4a, 5c)

EARTH CHOIR KIDS – Projektideen

 ### Plastik-Suche
Die Chormitglieder schauen sich im Raum nach Plastik um: Wie viel von diesem Plastik ist Einwegplastik? Wie viele von den Sachen aus Plastik könnten auch aus etwas anderem hergestellt werden? Wie viele der Gegenstände aus Plastik können langfristig genutzt werden? Welche Gegenstände braucht es vielleicht gar nicht?

 ### Digitales Lernspiel:
Mit dem Actionbound „Zu viel und zu wenig" (siehe „Weltkarte: Gemeinsam für Klimagerechtigkeit") können die Sänger:innen mit ihrem Smartphone eigenständig erfahren, wie das Leben mit und am Ozean in Bangladesch durch den Klimawandel immer schwieriger wird und wie eine Anpassung an die Veränderungen möglich ist. Die Sänger:innen können sich damit z. B. im Nebenraum beschäftigen, während für 15 Minuten mit nur einer Stimme geprobt wird.

 Kurzlink zum Actionbound: **www.ecklink.de/119**

 Über Plastik im Meer: **www.ecklink.de/120**

Tipps für weniger Plastik: **www.ecklink.de/121**

Kurz-Video über Isabel und Melati Wijsens Einsatz gegen Plastiktüten in Bali: **www.ecklink.de/122**

TED-Talk von Isabel und Melati Wijsens über ihr Engagement gegen Plastiktüten: **www.ecklink.de/123**

Deutsche Initiative für plastikfreie Meere: **www.byebyeplastik.com**

Deutsche Kampagne gegen Müll: **www.zerowasteverein.de**

So klingen die Ozeane: **www.ocean-sounds.org** (Dr. Heike Vester)

Mehr über Eis und Meer erfahrt ihr vom Alfred-Wegener-Institut in Bremerhaven: **www.awi.de**

© KONTAKTE Musikverlag, Lippstadt

EARTH CHOIR KIDS – *Projektideen*

SONG 15: Climate Change Song

Reflexionsfragen zum Lied:

- Wo liegt Tuvalu? (im Pazifik)

- Welches Hauptproblem verursacht der Klimawandel in Tuvalu? (Meeresspiegelanstieg, Versalzung der Böden)

- Könnt ihr euch vorstellen, dass eure Heimat einfach im Meer untergeht?

- Warum – denkt ihr – wollen die Menschen in Tuvalu nicht in ein anderes Land ziehen?

- Wäre auch Deutschland von einem Meeresspiegelanstieg betroffen? (Ja, bei 50 cm beispielsweise Hamburg, Bremen und Berlin)

Bewegungsspiel:
Die Gruppe steht auf einer ausreichend großen markierten Fläche (entweder auf Decken oder mit einem Seil umrandet). Das ist ihre Insel. Nun wird der Meeresspiegelanstieg simuliert. Die Fläche wird schrittweise immer kleiner. Wer nicht mehr auf der Insel stehen kann, scheidet aus und geht an den Rand. Zunächst wird es enger und die Gruppe muss zusammenrücken. Vielleicht wird jemand auf den Rücken genommen. Doch nach und nach landen immer mehr Spielende im Meer. Zum Schluss wird die Insel vollständig überflutet. Denn bei den Folgen des Klimawandels gibt es keine Gewinner:innen.

Digitales Lernspiel:
Mit dem Actionbound „Vertreibung aus dem Paradies" (siehe „Weltkarte: Gemeinsam für Klimagerechtigkeit") können die Sänger:innen sich mit ihrem Smartphone eigenständig über den Meeresspiegelanstieg in Tuvalu informieren. Die Sänger:innen können sich damit z.B. im Nebenraum beschäftigen, wenn für 15 Minuten mit nur einer Stimme geprobt wird.

Kurzlink zum Actionbound: www.ecklink.de/124

Video (15 Minuten) „Tuvalu in Zeiten des Klimawandels": www.ecklink.de/125

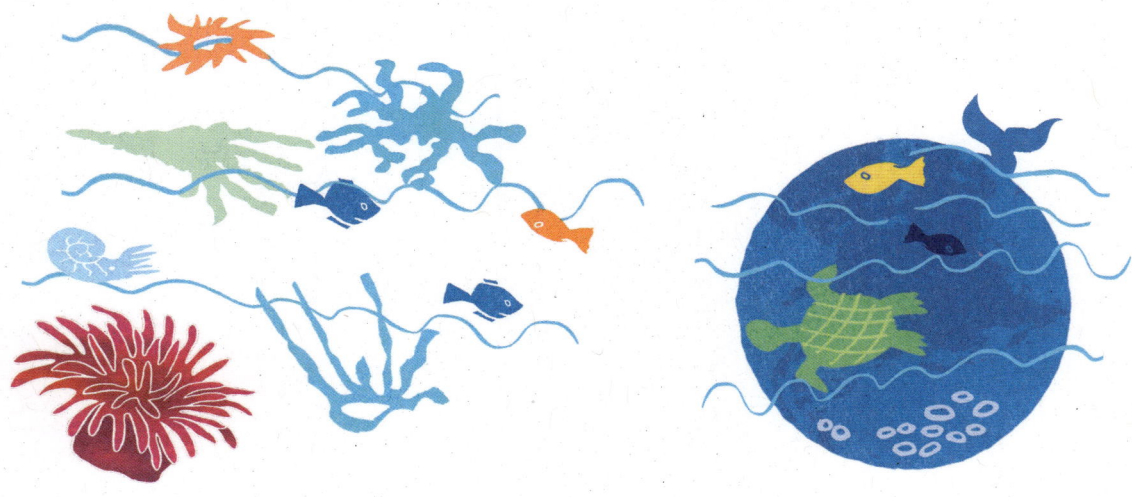

© KONTAKTE Musikverlag, Lippstadt

EARTH CHOIR KIDS – Projektideen

SONG 16: The green way of hope

Reflexionsfragen zum Lied:

- Was könnte der „Green way of hope" sein?
  („The Great Green Wall" ist ein riesiges Pflanzprojekt in Afrika.)

- Welche Stimmung löst das Lied aus?

- Was macht euch Hoffnung im Kampf für Klimagerechtigkeit?

- Wo wäre in unserem Ort eine großflächige Bepflanzung schön?

Singendes Klavier:

Als ein Highlight für den Chor kann mit drei sicheren Sänger:innen ein „singendes Klavier" für den Chor vorbereitet werden. Der Refrain wird in drei Abschnitte aufgeteilt. Es gibt zwei Stimmen. Die drei Sänger:innen lernen jeweils zwei Abschnitte auswendig. Sie bilden das „singende Klavier", indem sie in einer Reihe nebeneinanderstehen und ihre Hände nach vorn ausstrecken. Das sind die „Tasten". Auf jeder Taste ist ein Abschnitt in einer Stimme „abgespeichert". Wenn die Taste gespielt wird, singen sie den dazugehörigen Abschnitt. Chormitglieder dürfen nun einzeln versuchen das „singende Klavier" zu spielen. Durch das Ausprobieren der Tasten werden sie schnell den Refrain des Liedes erkennen. Dann müssen sie sich merken auf welcher Taste, welche Abschnitte / Stimmen liegen. Danach müssen sie den Refrain in der richtigen Reihenfolge abspielen. Damit die beiden Stimmen gleichzeitig singen, müssen dabei immer die zwei richtigen Tasten gleichzeitig angeschlagen werden.

Mögliche Aufteilung des Refrains:	Sopran	Alt/Tenor
La la la la la la *La la la la yes we can!*	Sänger:in A (linke Hand)	Sänger:in C (rechte Hand)
Stepping forward one by one *All together hand in hand*	Sänger:in B (rechte Hand)	Sänger:in A (rechte Hand)
Walking down the green way of hope	Sänger:in C (linke Hand)	Sänger:in B (linke Hand)

Ein singendes Klavier mit 6 Tasten und zwei Stimmen ist für Chor-Sänger:innen relativ einfach zu spielen. Die Herausforderung kann schwieriger gestaltet werden, in dem mehr Text verwendet wird und / oder kürzere Abschnitte gebildet werden.

Digitales Lernspiel:

Mit dem Actionbound „Wissen hilft den Wald zu schützen" (siehe „Weltkarte: Gemeinsam für Klimagerechtigkeit") können die Sänger:innen mit ihrem Smartphone eigenständig ein Waldschutzprojekt in Äthiopien kennenlernen. Die Sänger:innen können sich damit z.B. im Nebenraum beschäftigen, wenn für 15 Minuten mit nur einer Stimme geprobt wird.

Kurzlink zum Actionbound: **www.ecklink.de/126**

www.greatgreenwall.org

EARTH CHOIR KIDS – Projektideen

SONG 17: Pachamama — Mother Earth

Reflexionsfragen zum Lied:

- Was bedeutet es für den Umgang mit der Erde, wenn sie als „Mutter" verstanden und angesprochen wird?

- Warum ist es beim Leben in modernen Städten schwieriger unsere Abhängigkeit von der Natur wahrzunehmen?

- Wer kommt vom Land oder aus der Stadt? Gibt es einen Unterschied im alltäglichen Leben mit der Natur?

- Wofür seid ihr „Mutter Erde" dankbar?

- Worum würdet ihr sie bitten?

Herzschlag fühlen:
Alle legen sich auf den Boden oder wenn nicht möglich, stellen sich aufrecht hin. Jede:r fühlt mit der flachen Hand auf der Brust den eigenen Herzschlag und konzentriert sich für einen Moment ganz darauf. Anschließend wird gemeinsam reflektiert: Wie können wir den Herzschlag der Natur fühlen? Wie ist unser Herzschlag mit dem der Erde verbunden? Können Naturerlebnisse unser Herz ruhiger oder schneller schlagen lassen?

Die von der Sonne gespeiste Bioproduktivität der Erde sieht auf einer Weltkarte dargestellt im Jahreswechsel aus wie der Herzschlag der Natur: www.ecklink.de/127

© KONTAKTE Musikverlag, Lippstadt

EARTH CHOIR KIDS – *Projektideen*

SONG 18: I am light

Reflexionsfragen zum Lied:

- Habt ihr schon einmal darüber nachgedacht, dass ihr selbst Licht und Teil von etwas Göttlichem seid?

- Wie fühlt sich diese Vorstellung an?

- Warum ist diese Vorstellung wichtig beim Engagement für Klimagerechtigkeit? (im Kampf gegen Dunkelheit und Rückschläge)

Wahrnehmungsübung:

„Wir stellen uns in einem großen Kreis auf. So, dass alle alle anderen sehen können. Komm nun zur Ruhe. Atme langsam und tief ein. Sei ganz bei dir. Nimm dich selbst wahr. Versuche das Licht in dir zu spüren. Wenn du magst, kannst Du dafür kurz die Augen schließen. Nun öffne die Augen wieder und beginne die anderen im Kreis anzuschauen. Versuche jede der anderen Personen bewusst einzeln wahrzunehmen. Wenn du eine andere Person anschaust, denke daran, dass auch sie „Licht" ist: Ein Stern der Hoffnung für eine bessere Welt. [ausreichend Zeit geben] Wenn du alle anderen wahrgenommen hast, komm zurück zu dir selbst. Konzentriere dich wieder auf dich und denke daran, dass du „Licht" bist. Die anderen haben es jetzt auch gesehen. Merke dir dieses Gefühl. Es ist die Botschaft des Songs."

Original von India Arie: **www.ecklink.de/128**
Cover-Version mit Jugendchor aus Dänemark: **www.ecklink.de/129**

© KONTAKTE Musikverlag, Lippstadt

EARTH CHOIR KIDS – *Projektideen*

EARTH CHOIR KIDS-Workshop

Wenn der Chor ein EARTH CHOIR KIDS-Konzert vorbereitet, ist es sinnvoll, wenn die Sänger:innen die Anliegen, für die sie singen, gut verstehen. Vielleicht gibt es die Möglichkeit zusätzlich zu den Chorproben einen längeren EARTH CHOIR KIDS-Workshop zu organisieren und tiefer in das Thema Klimagerechtigkeit einzusteigen. Neben den Anregungen aus „Lernen mit den Klima-Songs" sind dabei dann auch längere gemeinsame Spiele und Methoden umsetzbar.

Die folgenden Anregungen sind beliebig kombinierbar. Einige Methoden können auch genutzt werden, um bei einem EARTH CHOIR KIDS-Konzert einen Infostand oder Interaktionen mit dem Publikum vorzubereiten.

Klima-Salat

Kurzes Bewegungsspiel für einen niedrigschwelligen Einstieg (10 Minuten):

Wie beim Spiel Obstsalat sitzen alle – bis auf eine Person, die in der Kreismitte steht – in einem engen Stuhlkreis. Sie stellt Fragen in die Runde. Beim Klima-Salat sollen die Fragen etwas mit unserem Bezug zum Klimawandel zu tun haben. Alle Mitspieler:innen, die eine Frage mit „Ich" beantworten, stehen auf und suchen sich einen neuen Platz (nicht auf einem direkten Nachbarstuhl). Dabei setzt sich die Person aus der Kreismitte auf einen frei werdenden Platz. Wenn alle Stühle besetzt sind, bleibt in der Mitte ein:e Spieler:in übrig. Sie denkt sich die nächste Frage aus.

EARTH CHOIR KIDS – Projektideen

 Beispielfragen:

- Wer ist im letzten Jahr geflogen?
- Wer weiß, was Klimagerechtigkeit bedeutet?
- Wer isst Tiere?
- Wer kann Klimawandel erklären?
- Wer fährt mit dem Fahrrad in die Schule?
- Wer will für Klimagerechtigkeit singen?

 # Positionierungsspiel

Aktivierendes Einstiegsspiel (10 Minuten):

Mit dem Positionierungsspiel ist ein inhaltlicher Einstieg möglich. Gleichzeitig bietet es Gelegenheit, eigene Gefühle zum Thema auszudrücken. Die Sänger:innen werden sich ihrer eigenen Haltung zur Klimakrise bewusst und erhalten einen Überblick über die Einstellungen in der Gruppe.

Im Raum werden zwei Pole benannt. Ein Pol steht für *„Stimme zu"*. Ein Pol steht für *„Stimme nicht zu"*. Auf der Linie dazwischen können sich die Teilnehmer:innen zu jeder Aussage positionieren.

 Mögliche Sätze zur Positionierung:

- Ich finde, das Thema Klimawandel wird zu wenig besprochen.
- Ich weiß schon sehr viel über die Klimakrise.
- Mich interessiert die Klimakrise nicht. Darum sollen sich die Erwachsenen kümmern.
- Ich bin wütend, weil die Erwachsenen den Klimawandel verursacht haben und wir ihn ausbaden müssen.
- Ich glaube alle Klimaprobleme lassen sich irgendwann einfach durch technische Erfindungen lösen.
- Ich kann selbst viel für mehr Klimagerechtigkeit tun.

© KONTAKTE Musikverlag, Lippstadt

EARTH CHOIR KIDS – Projektideen

Klima-Bewegungsspiel

Simulation von Klimafolgen (20 Minuten):

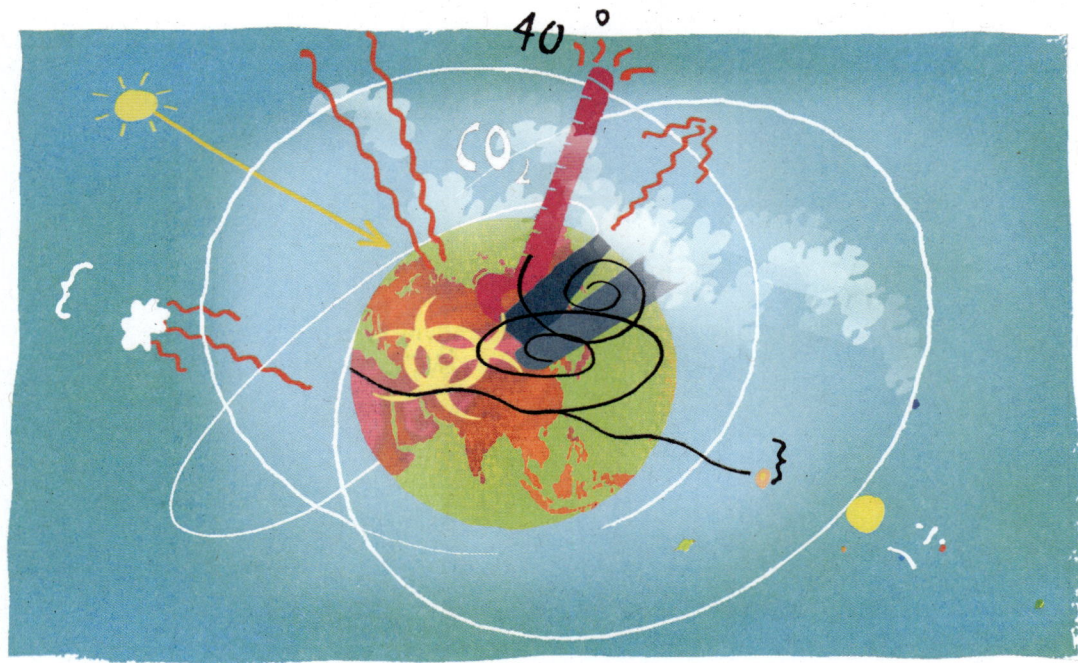

Die Gruppe wird in zwei Teams eingeteilt (die Teams können durch Abzählen oder Lose ziehen gebildet werden). Ein Team steht für die Länder des globalen Nordens, das andere Team für die Länder des globalen Südens. Als Kennzeichnung kann ein Team ein Stirnband tragen oder die Hosenbeine hochkrempeln oder barfuß laufen.

Die Mitglieder der Länder des globalen Südens haben schlechtere Ausgangsbedingungen, weil sie keinen Zugang zu technischen Hilfsmitteln haben, kein Geld, um Schäden zu begegnen oder sie auszugleichen, keine Transportmöglichkeiten besitzen, keine Unterstützung durch technische Hilfswerke haben, Krankenstationen weit entfernt sind oder sie über keine Bewässerungsanlagen verfügen. Diese schlechten Ausgangsbedingungen werden in dem Spiel so symbolisiert, dass die Mitglieder der Länder des globalen Südens z. B. nur auf einem Bein hüpfen dürfen. Es kann dann auch noch innerhalb der Länderkategorien eine Abstufung erfolgen. So sind Frauen aufgrund der Aufgaben- und Rollenverteilung meist stärker von den Folgen des Klimawandels betroffen als Männer. Das bedeutet, dass sie in dem Spiel z. B. noch einen mittelschweren Rucksack tragen müssen als Symbol für die Sorgearbeit um die Kinder, alte oder kranke Familienangehörige. (Dabei können die Frauenrollen auch von Personen anderen Geschlechts gespielt werden.)

Die Spielenden bewegen sich – entsprechend ihrer Möglichkeiten – im Raum umher. Niemand darf stillstehen. Die Spielleitung ruft nun eine der zuvor ausgemachten Katastrophenwarnungen, z. B. „Feuer" oder „Überschwemmung". Diese Katastrophen stehen für Ereignisse, die durch den Klimawandel hervorgerufen werden. Die Spieler:innen müssen entsprechend reagieren. Wer als letztes die Aufgabe schafft, scheidet aus. Anschließend bewegen sich die Spielenden wieder durch den Raum.

EARTH CHOIR KIDS – *Projektideen*

Je nach gewählten Aufgaben wird das Spielfeld vorbereitet, indem die Aktionsorte entsprechend präpariert werden. Wichtig ist, dass sich die Orte im regelmäßigen Abstand weit genug entfernt voneinander befinden.

→ **1. Ort:** Wasser (z. B. Wassereimer oder blaues Kreppband im Kreis)

→ **2. Ort:** Deiche (Tische / Bänke / Bäume – zum Hinaufsteigen)

→ **3. Ort:** festes Haus (Tisch zum Darunterkriechen)

→ **4. Ort:** Krankenstation (Erste-Hilfe-Kasten)

→ **5. Ort:** Die Felder der Länder des globalen Nordens (z. B. eine Packung Weizenmehl, Brot)

→ **6. Ort:** Die Felder der Länder des globalen Südens (z. B. eine Packung Reis, Mehl)

 Mögliche Katastrophenmeldungen:

- **Feuer ausgebrochen:** Die Teams müssen eine Wasserstelle erreichen, um den Brand auf ihren Feldern bzw. Häusern zu löschen.

- **Flut:** Niemand darf auf dem flachen Boden bleiben, alle müssen sich auf Tische, Bänke, Bäume etc. retten.

- **Sturm:** Alle müssen in einem festen Haus Schutz suchen (unter einen Tisch kriechen).

- **Dürre:** Die Spielenden müssen die Wasserstelle erreichen, um ihre Felder zu wässern.

- **Überschwemmung der Felder:** Die Teams müssen versuchen, Tische und Bänke zu ergattern und sie zu ihren Feldern zu bringen, damit sie diese vor Überschwemmungen schützen.

- **Malaria-Ausbruch:** Die Spielenden müssen schnell zur Krankenstation (Erste-Hilfe-Kasten).

 Die Spielenden diskutieren im Anschluss über die gesammelten Erfahrungen, z. B. anhand folgender Fragen:

- Wer ist am stärksten vom Klimawandel betroffen und warum?

- Warum ist es notwendig, dass Länder des globalen Nordens die Länder des globalen Südens finanziell unterstützen?

- Wie kann den Betroffenen geholfen werden?

© KONTAKTE Musikverlag, Lippstadt

EARTH CHOIR KIDS – *Projektideen*

 # Weltspiel

Weltverteilungsspiel zum Verstehen globaler Ungerechtigkeit (30 Minuten):

Gerechtigkeit ist eine Frage der Verteilung: Wer stößt wieviele Klimagase aus? Wer erwirtschaftet wieviel Einkommen? Wer ist besonders von Naturkatastrophen betroffen? Wo geht wieviel Wald verloren? Das Weltverteilungsspiel macht diese Zusammenhänge anschaulich sichtbar.

Spielgrundlage ist die beiliegende Weltkarte Klimagerechtigkeit. Sie entspricht nicht der gewohnten Mercator-Projektion aus Kolonialzeiten mit einem großen Europa im Zentrum. Bei dieser Weltkarte rückt die unbewohnte Antarktis ins Zentrum. Ihre Eismassen speichern 85 % des weltweiten Süßwassers. Das Schmelzen dieser Eismassen trägt zum Meeresspiegelanstieg bei. Zur symbolischen Darstellung der Weltbevölkerung benötigt ihr 10 Spielfiguren, für das Welteinkommen 10 Münzen, für die CO_2-Emissionen 10 Luftballons, für die Naturkatastrophen 20 Streichhölzer und für den Waldverlust 20 Eicheln (o. ä.).

Die Teilnehmenden stellen sich um die Karte und orientieren sich. Wo sind welche Kontinente? Warum sieht diese Karte so anders aus? (Es gibt keine objektive zweidimensionale Darstellung des Erdballs. Karten sind immer Ausdruck von Machtverhältnissen.)

Dann schätzen die Teilnehmenden, wie viele Menschen auf der Erde leben und wie diese sich grob gerundet auf die Kontinente verteilen. Dazu werden die 10 Spielfiguren nach gemeinsamer Diskussion auf die Kontinente verteilt. Die anschauliche Verteilung stimuliert dabei die Diskussion darüber, ob eine vorgeschlagene Verteilung als realistisch eingeschätzt wird. Wenn die Gruppe mit ihrer Schätzung zufrieden ist, gibt die Spielleitung die tatsächliche Verteilung bekannt und die Verteilung der Figuren wird – wenn nötig – korrigiert.

Bei deutlichen Abweichungen sollte Raum für Erklärung und Reflexion sein. Auf dieselbe Art und Weise werden dann die Münzen (Bruttosozialprodukt) und die Luftballone (CO_2-Ausstoß) verteilt. Die korrigierte Verteilung veranschaulicht nun bereits deutlich, dass Einkommen und CO_2-Ausstoß nicht proportional zur Weltbevölkerung verteilt sind. Insbesondere in Europa und Nordamerika hat eine kleine Bevölkerung einen überproportionalen Anteil an der Verursachung des Klimawandels. (Dabei zeigt die Verteilung nur die aktuellen, jährlichen Emissionen. Historisch gesehen haben die altindustriellen Länder einen noch sehr viel höheren Anteil an den globalen Gesamtemissionen.) Dann werden die Streichhölzer (Naturkatastrophen) und Eicheln (Waldverlust) auf dieselbe Art verteilt. Der Vergleich von CO_2-Emissionen und Naturkatastrophen macht die globale Klimaungerechtigkeit deutlich. Der Waldverlust stellt eine gute Überleitung zu unserer Verantwortung her. Wald geht v. a. durch Abholzung verloren. Im Amazonas geschieht dies, um Soja für die europäische Fleischerzeugung anzubauen. Der Waldverlust beschleunigt den Klimawandel (weniger Bäume binden weniger CO_2). Tragischerweise beschleunigt der Klimawandel wiederum die globale Entwaldung (Waldbrände durch Trockenheit). Am Beispiel der Entwaldung kann also der Zusammenhang zwischen unserem persönlichen Verhalten (Fleischkonsum), den politischen Entscheidungen (Klimapolitik, Handelspolitik) und der Klimakrise verdeutlicht werden.

EARTH CHOIR KIDS – Projektideen

 Daten:

Weltbevölkerung

KONTINENTE	MIO.	IN %	SPIELFIGUR
Europa und Russland	747	9,6	1
Nordamerika	368	4,6	0
Südamerika (inkl. Mittelamerika und Karibik)	653	8,3	1
Asien	4.641	60,0	6
Afrika	1.340	17,0	2
Australien und Ozeanien	42	0,5	0

Einkommen

KONTINENTE	MRD. USD	IN %	MÜNZE
Europa und Russland	21.890	26,1	3
Nordamerika	22.537	26,9	3
Südamerika (inkl. Mittelamerika und Karibik)	3.612	4,3	0
Asien	31.940	38,1	4
Afrika	2.273	2,7	0
Australien und Ozeanien	1.606	1,9	0

CO_2-Ausstoß

KONTINENTE	MIO. T	IN %	BALLON
Europa und Russland	7.338	19,8	2
Nordamerika	6.463	17,4	2
Südamerika (inkl. Mittelamerika und Karibik)	1.295	3,5	
Asien	20.082	54,2	6
Afrika	1.401	3,8	0
Australien und Ozeanien	465	1,3	0

Naturkatastrophen (Überschwemmungen, Wirbelstürme, Dürren)

KONTINENTE	MIO.	IN %	STREICHHOLZ
Europa und Russland	28	8,1	2
Nordamerika	28	8,1	2
Südamerika (inkl. Mittelamerika und Karibik)	55	15,9	3
Asien	160	47,3	9
Afrika	58	16,8	3
Australien und Ozeanien	13	3,8	1

Entwaldung

KONTINENTE	TSD. HEKTAR	IN %	EICHEL
Europa und Russland	69	0,7	0
Nordamerika	263	2,6	1
Südamerika (inkl. Mittelamerika und Karibik)	3.126	30,5	6
Asien	2.235	22,3	4
Afrika	4.414	43,7	9
Australien und Ozeanien	42	0,4	0

© KONTAKTE Musikverlag, Lippstadt

EARTH CHOIR KIDS – *Projektideen*

 ## Privilege-Walk

Spiel zur Reflexion von eigenen Privilegien und Handlungsspielräumen (20 Minuten):

Die Spielenden bekommen einen Rollenzettel, den nur sie selbst lesen. Alle stellen sich nebeneinander in einer Linie auf. Die Spielleitung stellt Fragen. Diejenigen, die denken die Person ihrer Rolle würde die Frage vermutlich bejahen, gehen nach Ansage der Spielleitung entweder einen Schritt vor oder zurück. Die anderen bleiben stehen. Am Ende des Spiels haben sich die Spielenden weit verteilt. So nehmen die Spielenden wahr, wie unterschiedlich Privilegien in Bezug auf Klimagerechtigkeit verteilt sind. Nun verraten die Spielenden ihre Rollen. Der Vergleich der Rollen mit der eigenen Realsituation macht noch einmal die eigenen Privilegien bewusst.

Nun kann das Spiel gemeinsam besprochen werden:

Wie hast du dich gefühlt, als du an den anderen vorbeigezogen bist / als die anderen dich überholt haben? Welchen Vorteil / Nachteil hattest du gegenüber den anderen? Welche Freiheiten und Handlungsspielräume waren dir bisher gar nicht so bewusst? Findest du die unterschiedlichen Privilegien gerecht? Welchen Einfluss hat dein Lebensstil auf die Klimaerwärmung? Verteilt sich folglich auch die Verantwortung für die Klimaerwärmung und seine Bekämpfung unterschiedlich?

Mögliche Rollen:

- Alma, 18, Abiturientin in Deutschland
- Jonas, 23, Student in Deutschland
- Klaus, 21, Postbote in Deutschland
- Tillmann, 59, Lehrer in Deutschland
- Sabine, 48, Unternehmerin in Deutschland
- Hannelore, 81, Rentnerin in Deutschland
- Poornima, 31, Sozialarbeiterin in Indien
- Ashok, 47, Riksha-Fahrer in Indien
- Preeti, 5, Teppichknüpferin in Indien
- Manoj, 39, IT-Manager in Indien
- Arman, 15, Schüler in Afghanistan
- Haschem, 38, Arzt (als Flüchtling aus Afghanistan) in Pakistan
- Sahar, 47, untergetauchte Richterin in Afghanistan
- Abena, 23, Schneiderin in Ghana
- Kofi, 42, Automechaniker in Ghana
- Efia, 19, Bäckerin in Ghana
- Yao, 52, Bauer in Ghana
- Diego, 67, Avocadoverkäufer in Peru
- Carlos, 18, Student in Peru
- Maria, Büroangestellte in Peru
- Fialupe, 13, Schülerin in Tuvalu
- Tafue, 52, Pastor in Tuvalu
- Enele, 72, Politiker in Tuvalu
- Afaaso, 41, Musiker in Tuvalu
- Mulunesh, 25, Gärtnerin in Äthiopien
- Huluager, 31, Kellnerin in Äthiopien
- Melkie, 47, Hirte in Äthiopien

EARTH CHOIR KIDS – Projektideen

Mögliche Fragen:

Hast du in der Schule etwas über den Klimawandel gelernt? • *(Schritt vor)*

Hattest du schon einmal zu wenig Geld, um dir genug zu Lebensmittel zu kaufen? • *(Schritt zurück)*

Hast du ein Handy? • *(Schritt vor)*

Bist du schon mal geflogen? • *(Schritt vor)*

Gibt es bei dir zuhause immer Strom? • *(Schritt vor)*

Hast du eine Versicherung gegen Sturmschäden? • *(Schritt vor)*

Machst du Urlaubsreisen? • *(Schritt vor)*

Ist es für dich einfach, das Internet zu benutzen? • *(Schritt vor)*

Musstest du auf Bildungsmöglichkeiten verzichten, weil du Geld verdienen musstest? • *(Schritt zurück)*

Ist es für dich gefährlich öffentlich deine Meinung zu gesellschaftlichen Fragen zu äußern? • *(Schritt zurück)*

Gibt es an deinem Wohnort gute öffentliche Verkehrsmittel? • *(Schritt vor)*

Hast du eine Krankenversicherung? • *(Schritt vor)*

Hast du schon eine Naturkatastrophe, wie Dürre, Überschwemmung, Wirbelsturm, erlebt? • *(Schritt zurück)*

Hat dein Land die Möglichkeit nach Extremwetterereignissen Aufbauhilfe zu leisten? • *(Schritt vor)*

Isst du regelmäßig Fleisch? • *(Schritt vor)*

Gehst du regelmäßig zu Fridays for Future-Demonstrationen? • *(Schritt vor)*

Lebst du im Einklang mit der Natur? • *(Schritt vor)*

Kannst Du Forderungen für Klimagerechtigkeit an Politiker:innen richten? • *(Schritt vor)*

Warst du schon einmal Opfer von Polizeigewalt? • *(Schritt zurück)*

Musstest du bei öffentlichen Behörden schon einmal Bestechungsgeld zahlen? • *(Schritt zurück)*

Wird deine Heimat in den nächsten drei Jahrzehnten im Meer versinken? • *(Schritt zurück)*

Gehst du manchmal in Restaurants essen? • *(Schritt vor)*

Hilfst du Bedürftigen? • *(Schritt vor)*

Besitzt du ein Auto? • *(Schritt vor)*

Wird der Klimawandel dein Leben noch stark beeinträchtigen? • *(Schritt zurück)*

Hast du Möglichkeiten, dich für Klimagerechtigkeit zu engagieren? • *(Schritt vor)*

© KONTAKTE Musikverlag, Lippstadt

 **EARTH CHOIR KIDS** – *Projektideen*

 ## Wandel mit Hand und Fuß

Reflexion von Handlungsmöglichkeiten (45 Minuten):

 Link Fußabdruck: **www.fussabdruck.de**

Die Teilnehmenden testen ihren ökologischen Fußabdruck auf der Website. Zunächst können einige teilen, welche Tipps zur Verkleinerung des Fußabdruckes für sie sinnvoll sind. Dann wird gefragt, wer einen nachhaltigen Fußabdruck hat. Vermutlich trifft das auf niemanden zu. In einer Brainstormingrunde werden nun Ideen gesammelt, was sich in der Gesellschaft verändern müsste, damit es leichter wird, einen fairen Fußabdruck zu erreichen. Hierbei kann bei Bedarf eine Murmelgruppe vorgeschoben werden.

 Link Handabdruck: **www.handabdruck.eu**

Nun wird die Idee strukturverändernden Engagements vorgestellt. Dabei soll deutlich werden, dass es möglich ist Rahmenbedingungen so zu verändern, dass nachhaltiges Verhalten für mehrere Menschen einfacher wird. Am besten werden dafür konkrete Beispiele von Handabdruck-Aktionen vorgestellt. Die Handabdruck-Anregungen auf der Website können unter „Alle Hebel auf einen Blick" übersichtlich durchsucht werden und benennen jeweils konkrete Erfolgsbeispiele.

Einzeln oder in Zweiergruppen wird nun der Handabdruck-Test online gemäß eigener Interessen durchgespielt. Das Durchspielen benötigt 5 bis 10 Minuten. Wichtig ist dann noch einmal 5 bis 10 Minuten Zeit zu geben, um das Ergebnis gründlich durchlesen zu können. Dann können einige ihre vorgeschlagene Handabdruck-Idee der Gruppe vorstellen. Dabei sollten die Idee, strategische Tipps und ein konkretes Erfolgsbeispiel benannt werden.

Eine der vorgestellten Handabdruck-Ideen kann in der Gruppe vertieft beraten werden. Hierbei lohnt sich eine Diskussion der „ersten Schritte", die im Testergebnis vorgeschlagen werden.

 ### Folgende Fragen können reflektiert werden:

- Welche Akteur:innengruppen sind für die Handabdruck-Idee wichtig?

- Welche Kenntnisse und Fähigkeiten braucht ein Team, das die Handabdruck-Idee umsetzen will?

- Welcher Zeitrahmen ist für die Umsetzung der Idee realistisch?

EARTH CHOIR KIDS – Projektideen

EARTH CHOIR KIDS-Aktion planen

Planung einer Klima-Aktion (60 Minuten):

Der Chor kann sich mit einer konkreten Klima-Aktion auch über das EARTH CHOIR KIDS-Konzert hinaus für Klimagerechtigkeit stark machen. Eine Aktionsplanung kann in folgenden Schritten erfolgen:

—> Recherchiert mögliche Aktionsideen, z. B. bei **www.handabdruck.eu**
oder im Klima-Kit von Greenpeace:
www.greenpeace.de/ueber-uns/umweltbildung/klimakit-lernreise

—> Entwickelt in Kleingruppen erste Aktionsideen und stellt sie der Gruppe vor. Die Aktions-Ideen werden auf ein Poster geschrieben. Dann dürfen alle einen Punkt bei der Aktionsidee machen, die sie am besten finden. So seht ihr schnell, was viele spannend finden. Wenn ihr so keine ganz klare Auswahl erhaltet, könnt ihr die Ideen mit den meisten Punkten auch noch einmal erläutern, ggf. verändern und die Abstimmung mit einer kleineren Auswahl wiederholen.

—> **Entwickelt die ausgewählte Idee nun weiter. Auf einem neuen Plakat sammelt ihr:**

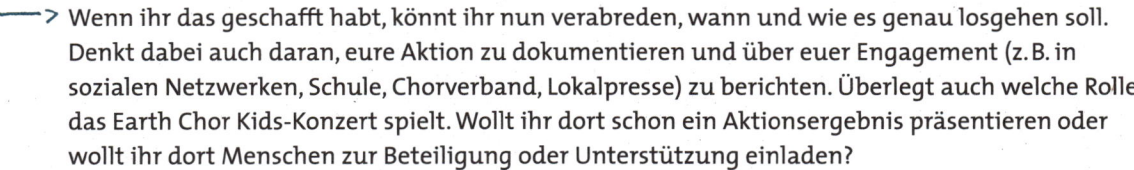

—> Ziele der Aktion *(smart = spezifisch, messbar, akzeptiert, realistisch, terminiert)*

—> Zielgruppe

—> Botschaft

—> Beschreibung der Idee

—> Unterstützer:innen *(notwendige und mögliche)*

—> Ressourcenbedarf *(Material, Raum, Kosten)*

—> Aufgaben für die Aktion *(Personen, Zeitaufwand)*

—> Wenn ihr das geschafft habt, könnt ihr nun verabreden, wann und wie es genau losgehen soll. Denkt dabei auch daran, eure Aktion zu dokumentieren und über euer Engagement (z. B. in sozialen Netzwerken, Schule, Chorverband, Lokalpresse) zu berichten. Überlegt auch welche Rolle das Earth Chor Kids-Konzert spielt. Wollt ihr dort schon ein Aktionsergebnis präsentieren oder wollt ihr dort Menschen zur Beteiligung oder Unterstützung einladen?

Schools for Earth
Das Projekt „Schools for Earth" lädt Schulen und andere Gruppen ein, sich selbst auf den Weg zu Klimaneutralität zu machen. Im Klima-Kit gibt es viele Ideen und praktisches Werkzeug, um gemeinsam aktiv zu werden, auch eine ausführliche Anleitung zur Entwicklung von Aktionsideen. **www.ecklink.de/130**

EARTH CHOIR KIDS – Projektideen

Internationaler Austausch

Klimawandel ist ein globales Problem. Wir können es als Weltgesellschaft lösen.
Wäre es da nicht toll in einen Austausch mit Jugendlichen aus anderen Ländern zu kommen?
Mit Videokonferenzen können solche Begegnungen inzwischen auch ohne Reiseaufwand organisiert werden. Besonders motivierend kann bei so einem Austausch ein gemeinsames, kreatives Ziel sein.

Hier zwei Beispiele aus der Arbeit der Kindernothilfe:

Climate Change Song

Für eine Jugendkonferenz mit Teilnehmenden aus Pakistan, Südafrika und Deutschland wurde in Durban ein Lied komponiert. In Online-Workshops studierten die Jugendlichen das Lied ein und übersetzten die Refrain-Zeile in ihre eigenen Sprachen (Deutsch, Urdu, Sindhi, isiZulu). Sie erweiterten das Lied und trugen Fotos und Videos aus ihrer unmittelbaren Umgebung bei, um so auf die Schönheit der Natur – aber auch auf ihre Zerbrechlichkeit – aufmerksam zu machen. Das Ergebnis ist ein transnationales, emotionales Musikvideo mit einer starken Botschaft, globaler Perspektive und eindeutiger Aussage:
Die Klimakrise ist real und betrifft alle Menschen dieser Erde – und wir erleben sie bereits jetzt, zum Beispiel in Pakistan, Südafrika und Deutschland. Die Krise ist jedoch überwindbar, wenn sich alle Menschen entsprechend ihrer Möglichkeiten einbringen und gemeinsam dafür kämpfen, nachfolgenden Generationen eine lebenswerte Zukunft zu ermöglichen.
www.ecklink.de/131

Poetischer Kurzfilm

„Earth, pale blue dot, we will fail you not!" ist ein Videokunstprojekt zur Klimakrise von Jugendlichen und jungen Erwachsenen aus Pakistan, Südafrika, Österreich und Deutschland. Als Vorlage und Inspiration diente das Gedicht „Earthrise" der US-amerikanischen Lyrikerin und Aktivistin Amanda Gorman. Im Rahmen eines zweiwöchigen Online-Workshops übertrugen die jungen Teilnehmer:innen das Gedicht Zeile für Zeile in ihren lokalen Kontext und machten sich den Text mit diversen künstlerischen Stilmitteln zu eigen. Mit Performance, Tanz, Installation, Fotografie, Graffiti, Street Art und Kalligrafie verwandeln die jungen Aktivist:innen das Gedicht von Amanda Gorman in eine bunte Bilderwelt, die die hohe persönliche Relevanz der Klimakrise für jede:n einzelne:n von ihnen offenbar werden lässt.
www.ecklink.de/132

EARTH CHOIR KIDS – Projektideen

Tipps für noch mehr gute Bildungsangebote

Bildungsmaterial vom PIK
Das Potsdam Institut für Klimafolgenforschung bietet umfangreiches Bildungsmaterial für verschiedene Zielgruppen an. **www.ecklink.de/133**

KlimaKit
Mit dem KlimaKit können Jugendliche auf eine Lernreise gehen. Sie reflektieren den eigenen Standpunkt, begegnen inspirierenden Klimaaktivist:innen aus aller Welt und planen eigene Aktionen. **www.ecklink.de/134**

Schools for Earth
In diesem bundesweiten Projekt machen sich Schulen auf den Weg Richtung Klimaneutralität und Nachhaltigkeit. Eine entscheidende Rolle spielt dabei die Jugendbeteiligung.
www.ecklink.de/135

Unterrichtsmaterial von Greenpeace
Greenpeace bietet Unterrichtsmaterial zu zahlreichen Umweltthemen an. Hier gibt es u. a. aktuelles Material zu demokratischer Mitgestaltung, Konsum, Mobilität und Ernährung.
www.ecklink.de/136

Unterrichtsmaterial der Kindernothilfe
Klimagerechtigkeit ist mit vielen Themen verbunden. Bei der Kindernothilfe gibt es u. a. Bildungsmaterial zu den globalen Nachhaltigkeitszielen, Migration und Flucht und dem Recht auf Bildung. **www.ecklink.de/137**

Poster-Ausstellung
„Die Zukunft liegt in unseren Händen – Umweltschutz ist Kinderrecht"
Die Poster-Ausstellung über ökologische Kinderrechte bezieht sich auf die Sustainable Developent Goals (SDGs). 15 Plakatmotive stellen die Themen Klima, Kinder und Bildungschancen weltweit in den Mittelpunkt.
Bestellbar über die Kindernothilfe: **www.kindernothilfe.de**

Familien-Gottesdienst
„Die Zukunft liegt in unseren Händen – Umweltschutz ist Kinderrecht"
Im Gottesdienstentwurf werden Symbole für den Klimawandel vor dem Altar abgelegt und gedeutet. Kinder aus Indien, Peru und Kenia beschreiben im Klageteil die Auswirkungen des Klimawandels auf ihr Leben. In der Predigt kann der Bußruf des Johannes aus der Wüste zur Umkehr ausgelegt werden. **www.ecklink.de/138 (PDF)**

Eine Welt. Ein Klima. Eine Zukunft.
Bei der 63. und 64. Aktion von Brot für die Welt geht es aktuell um Klimagerechtigkeit. Dazu gibt es Material für die Konfirmandenarbeit, Kernbotschaften, Projektberichte, ein Gottesdienstheft, Plakate und Gemeindebriefvorlagen. **www.ecklink.de/139**

EARTH CHOIR KIDS – Projektideen

Global lernen: Klimagerechtigkeit
Die Global Lernen-Ausgabe Klimagerechtigkeit enthält vielfältige Methoden, z. B. ein Klima-Anno Domini, ein Klima-Memory, ein Wimmelbild, Arbeit mit Reportagen, Rollenspiele, eine Utopienwerkstatt, ... www.ecklink.de/140

Weltkarte Klimagerechtigkeit
Mit dieser Weltkarte kann eine neue Perspektive für Klimagerechtigkeit erlebt werden. Die Weltkarte hat zahlreiche methodische Einsatzmöglichkeiten. Sie enthält Lernspiele mit virtuellen Reisen nach Äthiopien, Paraguay, Ecuador, Antarktis, Tuvalu, Bangladesh und Deutschland.
www.ecklink.de/141

Ökologischer Fußabdruck
Ein persönlicher ökologischer Fußabdruck-Test ist ein guter Startpunkt für die Reflexion des eigenen Umweltverhaltens. Hier wird schnell deutlich, was das eigene Leben mit dem Klimawandel zu tun hat. Außerdem zeigt sich, dass es sowohl persönliche Verhaltensänderungen als auch gesellschaftliche Veränderungen braucht. www.fussabdruck.de

Politischer Handabdruck
Mit dem Handabdruck-Test werden konkrete Anregungen gegeben, wie Menschen selbst zur Veränderung von Strukturen in der Gesellschaft beitragen können. Das Online-Tool macht Mut den eigenen Wirkungskreis zu vergrößern. www.handabdruck.eu

Das Klima, mein Planet und ich!
Mit 12 Unterrichts-Modulen kann der Klimawandel in der Grundschule erkundet werden.
www.ecklink.de/142

Klimafakten
Die Plattform Klimafakten bietet Basiswissen und Infografiken zum Klimawandel.
www.klimafakten.de

Fragen zum Klimawandel
Der Weltklimarat beantwortet die 29 häufigsten Fragen zum Klimawandel.
www.ecklink.de/143

Klimaleugner:innen widerlegen
Klimaleugner:innen nutzen „skeptische Argumente", um zu begründen, warum sie den Klimawandel anzweifeln und keinen Handlungsbedarf sehen. Diese Argumente lassen sich nur mit Fachwissen widerlegen. Das Umweltbundesamt erklärt sie. www.ecklink.de/144

EARTH CHOIR KIDS – Projektideen

Vorschlag für ein moderiertes Konzert (ca. 60 Minuten)

Song-Reihenfolge und beispielhafte Moderationen

 SONG 1   EARTH CHOIR KIDS

Moderation
Wir begrüßen euch alle sehr herzlich zu unserem Konzert:
EARTH CHOIR KIDS – Unsere Stimmen für das Klima.
Wir wollen uns heute mit unseren Stimmen, mit unserem Gesang und mit euch gemeinsam für unseren blauen Planeten einsetzen. – Und wir glauben fest daran, dass unsere Stimmen, unser Gesang und unsere Musik eure Herzen erreichen werden!

Kind / Jugendlicher   *(mit Musik unterlegen)*
Am Anfang herrschte das Dunkel. Amaterasu, die Göttin der Sonne, thronte noch nicht am Himmel. Sie lebte in einer Höhle. Die Welt war kalt und unwirtlich und ohne Leben. Da nahm Gott sechs riesige Bögen, band sie zusammen und schuf auf diese Weise die erste Harfe. Auf ihr spielte er wunderschöne Melodien. Von ihnen angelockt, erschien die reizende Nymphe Ameno-Uzume. Hingerissen von der Harfenmusik begann sie zu tanzen – und schließlich auch zu singen. Die Sonnengöttin Amaterasu wollte die Musik, die von ferne zu ihr drang, besser vernehmen. Deshalb schaute sie aus ihrer Höhle hervor, und im gleichen Moment erstrahlte die Welt im Licht. Die Sonne wurde sichtbar und spürbar – und Blumen und Pflanzen und Bäume begannen zu wachsen. Und Fische und Vögel, Tiere und Menschen betraten die von Licht erfüllte Erde. Die Götter aber beschlossen, fortan Gesang und Tanz zu pflegen, damit die Sonnengöttin nie mehr in ihre Höhle zurückkehre, denn sie wussten: Es war zwar die Sonne, durch die das Leben begonnen hatte, aber ohne die Harfenmusik der sechs großen Bögen und ohne den Gesang der Nymphe Ameno-Uzume hätte sich Amaterasu, die Göttin der Sonne, nie auf ihrem himmlischen Thron niedergelassen. Sie wäre ewig in ihrer Höhle geblieben. Also war es der Klang, waren es Musik und Tanz, mit denen die Welt begann.

(Textauszug „Die Legenden und Mythen der Völker", aus: Joachim Ernst Behrendt, Nada Brahma. Die Welt ist Klang. © Suhrkamp Verlag Frankfurt am Main 2007. Alle Rechte vorbehalten durch Suhrkamp Verlag Berlin)

 SONG 2   No Planet B

Moderation
Unser Heimatplanet, die Erde, ist ein wirkliches Juwel in unserem Sonnensystem. Es gibt keinen Planeten B! Nur hier auf der Erde hat sich Leben entwickeln können, weil es nur hier Wasser und eine Atmosphäre gibt, die uns schützt. Und nur die Erde ist der blaue Planet im Weltall! Was für eine wunderbare Welt! What a wonderful world!

 SONG 3   What a wonderful world

Moderation
Und warum schaffen wir es dann nicht, diese wunderbare Welt zu erhalten?
Wir leben über unsere Verhältnisse – das bekommen wir jedes Jahr mitgeteilt.
Der Earth-Overshoot-Day ist der Tag im Jahr, an dem wir – theoretisch – alle Ressourcen, die wir für ein Jahr haben, also Essen, Trinken, Heizen, Energie, verbraucht haben.
Hier mal einige Erdüberlastungstage der letzten Jahre:
1970: 29.12.
1980: 04.11.
1990: 15.10.
2000: 23.09.
2010: 07.08.
2021: 29.07. – 2022: *(immer den aktuellen Tag einfügen)*
Das war weltweit – für Deutschland ist es (2021) der 5. Mai!

 SONG 4   Earth-Overshoot-Day

© KONTAKTE Musikverlag, Lippstadt   **153**

EARTH CHOIR KIDS – *Projektideen*

Moderation Stellen wir uns einen Moment mal vor, die Tiere, die Bäume, die Pflanzen – sie könnten zu uns sprechen – sie könnten uns etwas sagen. Was wäre das? – Würden sie klagen, würden sie mahnen, würden sie verzweifeln?
Im nächsten Song geben wir den Walen und Fischen, den Tieren und Bäumen, den Vögel und den Lüften eine Stimme – die Stimme der Kinder! „Im Namen der Kinder: Steht alle auf!" werden wir singen. Das dürft ihr dann durchaus auch wörtlich nehmen – im Namen der Kinder!

SONG 5   **Im Namen der Kinder**

Moderation Alles Leben kommt aus dem Wasser – und gäbe es auf unserer Erde kein Wasser, wäre kein Leben möglich – das sehen wir ja an unseren Nachbarplaneten Mars und Venus. Über 70 % der Erde sind Ozeane – Atlantischer, Pazifischer, Indischer, Arktischer und Südlicher Ozean. Und: Unsere Meere ersticken in Plastik. Pro Minute wird eine Lastwagenladung Müll ins Meer gekippt – das sind 60 LKWs pro Stunde, 1.440 LKWs am Tag, 525.600 LKWs im Jahr. Es gibt bereits riesige „Müllinseln" oder „Müllstrudel" – die größte Müllinsel schwimmt im Pazifik und ist rund 4 bis 5 mal so groß wie Deutschland – nur Müll!
Aber: Wir haben uns dazu entschlossen, in unserem OZEAN-Lied auch von der Schönheit der Meere zu singen. Hier ist OZEAN.

SONG 6   **Ozean**

Moderation Wir möchten euch Angaangaq aus Grönland vorstellen – Angaangaq ist Inuit-Schamane – und er ist heute hier in diesem Konzert nur mit seiner Stimme und mit seiner Botschaft zu hören: We have to melt the ice in the heart of man!

SONG 7   **We have to melt the ice in the heart of man**

Moderation Wenn das Eis in den Herzen der Menschen schmilzt, dann kann sich etwas bewegen auf dieser Erde. Der nächste Song erzählt von den kleinen Held:innen, den Kindern, die sich engagieren für diese Welt – nicht nur freitags, sondern die jeden Tag zu kleinen Held:innen werden können.

SONG 8   **Wir sind kleine Helden**

Moderation Und wo wir gerade dabei sind, von den kleinen Held:innen zu singen, wollen wir von einem möglichen neuen Naturwunder singen: der GREAT GREEN WALL OF HOPE – im Süden der Sahara – werden auf 8000 Kilometern Bäume und Sträucher gepflanzt um die Ausbreitung der Wüste zu stoppen. Und erste Erfolge sind hier zu sehen – es kann zu einem NATURWUNDER werden, zu einem WELTWUNDER, wenn viele auf den „green way of hope" mitgehen.

SONG 9   **The green way of hope**

Moderation EARTH CHOIR KIDS – das sind unsere Lieder, unsere Stimmen für das Klima. Musik kann unsere Herzen öffnen und wir danken euch, dass ihr uns zugehört habt und dass unsere Lieder, unsere Stimmen direkt durchs Ohr in euer Herz gegangen sind. Und wer weiß, was wir in euch angeregt und bewegt haben. Wir alle können Licht sein, wir alle können ein STERN sein der am Himmel leuchtet für eine bessere Zukunft und eine bessere Welt. Danke!

SONG 10   **I am light**

EARTH CHOIR KIDS – Projektideen

Konzert-Vorbereitungs-Tipps:

PROMOTION

Wir haben euch in unserem Download-Bereich unter **www.ecklink.de/downloads** Material zusammengestellt, das ihr kostenlos nutzen dürft:

- → PDF Plakat
- → PDF Flyer
- → PDF Eintrittskarte
- → PDF Logo für den Druck von EARTH CHOIR KIDS-T-Shirts
- → Logo EARTH CHOIR KIDS

Es wäre toll, wenn euer Chor im EARTH-CHOIR KIDS-T-Shirt auftritt. Sicherlich findet ihr ein Sponsoring, um dies zu ermöglichen.

EARTH CHOIR KIDS-Community

Auf unsere Website **www.earth-choir-kids.com** haben wir einen eigenen Bereich geschaffen, wo ihr euren Termin für das Konzert einstellen lassen könnt, damit auch andere euer Konzert besuchen können.

Ebenfalls könnt ihr nach dem Konzert ein Foto dort einstellen lassen. Schickt uns dafür einfach eine E-Mail an: **info@kontakte-musikverlag.de**

BENEFIZ

Wenn ihr einen Teil eurer Konzerteinnahmen für ein Klima-Projekt spenden wollt, findet ihr bei den Partner:innen von EARTH CHOIR KIDS spannende Projekte:

 www.brot-fuer-die-welt.de/earth-choir-kids

 www.greenpeace.de

 www.kindernothilfe.de

Unsere Vision ist es, dass wir eine große Community EARTH CHOIR KIDS schaffen, um die Lieder zu den Menschen zu tragen, so dass wir mit unseren Stimmen die Herzen der Menschen erreichen.

JOIN THE COMMUNITY OF EARTH CHOIR KIDS!!!

www.earth-choir-kids.com

EARTH CHOIR KIDS – Infos

Hinweise zum Download von Songs, Playbacks und Chornoten

Wir haben einen eigenen Download-Bereich geschaffen, in dem ihr Zusatz-Material (zum Teil kostenlos) erhalten könnt.

Unter www.ecklink.de/downloads findet ihr:

Songnoten mit Text und Akkorden zu allen Songs (PDF – kostenpflichtig)
Songnoten der internationalen Lieder in Originalsprache mit Text und Akkorden (PDF – kostenpflichtig)

Chorsätze zu allen Songs mit Klavierbegleitung (PDF – kostenfrei)

Playbacks zu allen Songs (MP3 – kostenpflichtig)
Die internationalen Songs in Originalsprache (MP3 – kostenpflichtig)

Für eure Promotion-Arbeit findet ihr kostenfreie PDFs:

PDF Plakat

PDF Flyer

PDF Eintrittskarte

PDF Logo für den Druck von EARTH CHOIR KIDS-T-Shirts

Logo EARTH CHOIR KIDS

Wenn ihr Fragen habt, schickt uns einfach eine E-Mail an:
info@kontakte-musikverlag.de

EARTH CHOIR KIDS – Infos

Aktiv für Klimagerechtigkeit mit starken Partner:innen

Drei große Nichtregierungsorganisation unterstützen das Projekt EARTH CHOIR KIDS: Greenpeace, Brot für die Welt und die Kindernothilfe. Gemeinsam mit ihnen können Chöre sich für Klimagerechtigkeit stark machen:

Vernetzen und Aktionen starten

Die Organisationen haben Jugendnetzwerke. Dort kommen junge Menschen zusammen, die sich gemeinsam für eine bessere Welt engagieren. Wenn Sänger:innen durch das Projekt motiviert sind, sich weiter zu engagieren, finden sie hier Gleichgesinnte.

—> Bei Brot für die Welt: **www.ecklink.de/145**

—> Bei Greenpeace: **www.ecklink.de/146**

—> Bei der Kindernothilfe: **www.ecklink.de/147**

Infostand bei Konzerten

Bei einem EARTH CHOIR KIDS-Konzert können die Partner:innen angefragt werden, einen Infostand zu unterstützen. Sie können gutes Infomaterial zur Verfügung stellen. Vielleicht kann sogar jemand von einer Organisation zum Konzert kommen und einen Infostand betreuen oder ein Grußwort sprechen.

Spenden für Klimagerechtigkeit sammeln

EARTH CHOIR KIDS-Konzerte können auch als Benefizkonzerte organisiert werden. Der Eintritt oder die Erlöse können dann als Spende an Brot für die Welt oder die Kindernothilfe überwiesen werden. So leistet das Konzert einen ganz konkreten Beitrag zu Klimagerechtigkeit für Menschen, die besonders stark vom Klimawandel betroffen sind. Beim Konzert könnte dann ein Spendenprojekt vorgestellt werden. So bekommen die Konzertbesucher:innen Einblicke darin, wie weltweites Engagement für Klimagerechtigkeit möglich ist.

EARTH CHOIR KIDS – Infos

Brot für die Welt

Brot für die Welt ist das weltweit tätige Entwicklungswerk der evangelischen Kirchen in Deutschland. Seit 1959 sind wir weltweit vernetzt und teilen Ideen und Wissen mit lokalen Partnerorganisationen. Gemeinsam helfen wir armen und ausgegrenzten Menschen, aus eigener Kraft ihre Lebenssituation zu verbessern. Ein Schwerpunkt unserer Arbeit ist die Ernährungssicherung. Denn in Zeiten des Klimawandels und knapper werdender Ressourcen wird der Kampf gegen Hunger und Mangelernährung immer wichtiger. Daneben setzen wir uns für die Förderung von Bildung und Gesundheit, den Zugang zu Wasser, die Stärkung der Demokratie, die Achtung der Menschenrechte, die Sicherung des Friedens sowie die Bewahrung der Schöpfung ein. Aufgefordert von unseren Partner:innen im globalen Süden brachten wir in den 70er Jahren die globale Gerechtigkeitsperspektive in die deutsche Umweltbewegung. Seitdem setzen wir uns mit pädagogischer und politischer Arbeit in Deutschland für nachhaltige Entwicklung ein.

 www.brot-fuer-die-welt.de/earth-choir-kids

Greenpeace

Greenpeace wurde 1971 gegründet und ist zur Zeit in 55 Ländern vertreten. Mehr als drei Millionen Menschen unterstützen Greenpeace weltweit, davon mehr als 630.000 Fördermitglieder in Deutschland.
Greenpeace klärt auf, recherchiert und konfrontiert. Die Organisation vertritt dabei die Interessen der Natur und der umweltbewussten Menschen in Politik und Gesellschaft. Dabei geht sie Probleme hartnäckig an – auch gegen Widerstände und über längere Zeiträume. Greenpeace lebt das Recht auf freie Meinungsäußerung, inklusive dem Recht auf Demonstrationsfreiheit, und sucht dabei auch die öffentliche Auseinandersetzung mit Politikern, Konzernbetreibern oder Umweltzerstörern. Bei Greenpeace arbeiten in Hamburg und Berlin insgesamt 380 Menschen. Daneben machen Kinder, Jugendliche und Erwachsene freiwillig in Gruppen oder in Schulen mit.

 www.greenpeace.de

Kindernothilfe

Wir verstehen uns als internationale Kinderrechtsorganisation mit christlichen Werten. Seit 1959 sind wir Teil einer globalen Bewegung und sehen uns in der Verantwortung, Kindern Bildung zu ermöglichen, sie vor Gewalt und wirtschaftlicher Ausbeutung zu schützen und ihre Beteiligung zu gewährleisten. Wir fördern lokal initiierte Projekte und engagieren uns in Programmen für besonders benachteiligte Kinder. Wir schaffen eine gerechtere Lebenswelt, in der Bedürfnisse von Menschen und Umwelt gleichermaßen berücksichtigt werden. Mit anwaltschaftlicher Arbeit, politischen Kampagnen und entwicklungspolitischer Bildungs- und Öffentlichkeitsarbeit, auch mit unseren Partnern, in Bündnissen und Netzwerken, setzen wir uns derzeit in 33 Ländern weltweit bei Verantwortlichen und Entscheidern für die Verwirklichung der Kinderrechte ein.

 www.kindernothilfe.de

EARTH CHOIR KIDS – Infos

Die Deutsche CHORJUGEND

#zusammenSINGENwirSTÄRKER

Rund 100.000 Kinder und Jugendliche in etwa 3.500 Chören und Ensembles – die Deutsche Chorjugend ist die größte Interessenvertretung junger Sänger:innen in Deutschland. Als Bundesjugendverband machen wir uns stark für die Belange singender Kinder und Jugendlicher. Unter dem Dach des Deutschen Chorverbandes sind wir in Landesjugendverbänden organisiert. Wir fördern die musisch-kulturelle Bildung junger Menschen, Jugendbeteiligung, ehrenamtliches Engagement und den internationalen Austausch.

 www.deutsche-chorjugend.de

Die Deutsche Bundesstiftung Umwelt

gefördert durch

www.dbu.de

Wer ist die DBU?

Die Deutsche Bundesstiftung Umwelt (DBU) wurde 1990 aufgrund eines Bundesgesetzes aus dem Verkaufserlös der damals bundeseigenen Salzgitter AG gegründet und ist eine der größten Stiftungen Deutschlands. Aus den Erträgen des Stiftungskapitals von inzwischen 2,33 Mrd. Euro werden Projekte zum innovativen Umweltschutz gefördert. Die DBU wurde als rechtsfähige Stiftung des bürgerlichen Rechts errichtet. Vorstand der Stiftung ist das Kuratorium. Der Generalsekretär ist für die Durchführung der Aufgaben der DBU verantwortlich. Die DBU hat zwei gemeinnützige Tochter-Gesellschaften: das DBU Zentrum für Umweltkommunikation (ZUK) und die DBU Naturerbe GmbH.

Was macht die DBU?

Auftrag der DBU ist es, innovative, modellhafte und lösungsorientierte Vorhaben zum Schutz der Umwelt unter besonderer Berücksichtigung der mittelständischen Wirtschaft zu fördern. Zentrale Herausforderungen sieht die DBU vor allem beim Klimawandel, dem Biodiversitätsverlust, im nicht nachhaltigen Umgang mit Ressourcen sowie bei schädlichen Emissionen. Damit knüpfen die Förderthemen sowohl an aktuelle wissenschaftliche Erkenntnisse über planetare Grenzen als auch an die von der UNO beschlossenen Sustainable Development Goals (SDG) an. Seit 1993 vergibt die DBU jedes Jahr den Deutschen Umweltpreis und würdigt so herausragende Leistungen, die vorbildlich zum Schutz von Umwelt, Klima, Arten und Ressourcen beigetragen haben oder künftig beitragen werden. Der Preis in Höhe von insgesamt 500.000 Euro zählt zu den renommiertesten und höchstdotierten Umwelt-Auszeichnungen Europas. Außerdem unterstützt die DBU mit ihren Stipendienprogrammen die Qualifizierung von jungen Wissenschaftlerinnen und Wissenschaftlern zu Umwelt- und Naturschutzthemen.

 www.dbu.de

EARTH CHOIR KIDS – Infos

Der Initiator und Musiker Reinhard Horn

Seit 50 Jahren steht Reinhard Horn auf der Bühne und ist einer der erfolgreichsten Kinderliederautoren. Mit über 2000 produzierten Songs zählt er zu den kreativsten Kinderlieder-Komponisten. Seine Arbeit für zahlreiche Organisationen wie Adveniat, Aktion Mensch, Brot für die Welt, BUND, Deutsche Chorjugend, Dietrich-Grönemeyer-Stiftung, Ein Herz für Kinder, Greenpeace, Kindernothilfe, Misereor und vielen mehr unterstreicht die hohe Wertschätzung seiner künstlerischen Arbeit.

Millionenfach verkaufte CDs und Bücher sind aus Kita und Schule und aus den Kinderzimmern in so vielen Familien nicht mehr wegzudenken, denn für viele Kinder sind seine Lieder zum *„Soundtrack"* ihrer Kindheit geworden. Davon zeugen auch die vielen Preise und Auszeichnungen, die er für seine Arbeit erhalten hat. So ist er nicht nur Namensgeber der *„Reinhard-Horn-Grundschule"* in Rhumspringe bei Göttingen sondern auch Botschafter der *„Singenden Krankenhäuser"*. Seit vielen Jahren engagiert sich Reinhard Horn für die Rechte der Kinder und greift dieses Thema immer wieder in seinen Liedern auf. Ebenso wichtig sind ihm die Themen Umwelt und Schöpfung und so ist sein Engagement als Botschafter der Kindernothilfe zu verstehen.

Was wünscht sich Reinhard Horn für dieses Projekt?
„Dass es viele geben wird, die mitmachen! Wir sind eine Weltfamilie und wir brauchen jede Stimme, jede Hand, jedes Herz, das mitmacht. Und das kann mit Musik geschehen. Denn Musik ist die einzige Sprache, die wir alle von Geburt an sprechen und verstehen – egal auf welchem Kontinent wir leben und welche Hautfarbe wir haben."

„Gute Lieder und gute Geschichten sind Seelenproviant – nicht nur für Kinder!"
Unter diesem Gedanken lässt sich sein künstlerisches Schaffen zusammenfassen. Und das schönste Kompliment für ihn und seine Arbeit stammt von einem achtjährigen Jungen:
„Du bist der tollste Kinderversteher!"

www.reinhardhorn.de

Der Klimaforscher Prof. Dr. Mojib Latif

Der 1954 in Hamburg geborene Mojib Latif promovierte nach dem Studium der Meteorologie 1987 in Ozeanographie an der Universität Hamburg; 1989 folgte seine Habilitation in Ozeanographie ebenfalls an der Universität Hamburg. Von 1983 bis 2002 forschte er am Hamburger Max-Planck-Institut für Meteorologie. Seit 2003 ist Mojib Latif Professor an der Christian-Albrechts-Universität zu Kiel und arbeitet am GEOMAR Helmholtz-Zentrum für Ozeanforschung Kiel. Mojib Latif ist seit 2017 Präsident der Deutschen Gesellschaft CLUB OF ROME. Er erhielt 2000 die Sverdrup Gold Medal der Amerikanischen Meteorologischen Gesellschaft. 2015 wurde ihm der Deutsche Umweltpreis verliehen. 2019 erhielt er die Alfred-Wegener-Medaille der Deutschen Meteorologischen Gesellschaft.

**Deutsche Gesellschaft
CLUB OF ROME**